為什麼我們想要的比需要的多？

POSSESSED

Why We Want More Than We Need

所有權的心理如何
影響與形塑人的行為

BRUCE HOOD

布魯斯・胡德——著

麥慧芬——譯

專文推薦

極簡人生的追求

范立達

「想要」與「需要」一直是商業陣營中兩大主流概念。絕大多數的商人提供給消費者的商品或服務，都是為了滿足人們的渴望，亦即屬於「想要」的範疇。這類的商品或服務可能包裝著酷炫的外觀，不見得實用但保證亮眼。消費者以並不低廉的價格購入後，初期或許覺得滿心歡喜，但只要一過了嘗鮮期或退了流行，它們很快就會被束之高閣，從此乏人問津。

真正能引領時代潮流的企業家則會跳脫常人的想望。他們推出的產品或服務往往是劃時代的，能夠改變這個世界，而且是消費者一經使用後就無法釋手的。回想看看，史帝芬．賈伯斯在二〇〇七年一月向世人宣告 iPhone 問世時，有誰能夠想到這一具小小的智慧型手機能為世界帶來如此天翻地覆的變化？亨利．福特說得好：「如果我們都照著人們的渴望去創造，至今你依然只會看到馬車，而看不到汽車。」

但是，能夠改變世界的產品真的太少，創造性需求也不是隨處俯拾即得，為了要滿足或填補人們的擁有欲，商人就只好不斷推陳出新，拚命產出所謂的垃圾商品，而消費者在過度購買了一大堆可有可無的產品後，除了造成更多的儲物困擾外，自身的生活品質並不見得能夠得到明顯的改善。至此，有些人便不免自問：「我真的需要這麼多東西嗎？」

其實，「需要」和「想要」都是一種心理層次的活動，和購買欲、擁（占）有欲之間有著密切的關聯。本書作者從心理學的層面明白地告訴大家：「我們的價值由我們所擁有的東西定義。」「我們所擁有的東西會成為我們存在的證據。」「對許多人而言，生活就是義無反顧地追求。」「所有權的界定不再是一種法定狀態、經濟地位、政治武器，甚至也不再是一種權宜之計。更確切地說，它是人類之所以為人類，以及我們如何看待自己的一個重要特質。」

換個角度來說，人類的欲望有如大海一般深，在擁有了「需要」的物品之後，剩下的空間都填進了「想要」的東西。擁有這麼多的「想要」，才會讓自我感覺更良好，更自我肯定，覺得自己的身分、地位不容置疑。因此，作者才會告訴我們：「心理所有權是一種情感上的投射。」

而這種亟欲自我肯定的心理活動，有時候會成為打腫臉充胖子的例證。這種現象往往出現在收入較低的人們身上，他們其實是在進行社交炫耀，努力想要得到他人的認可。但站在金字塔頂端的高收入份子，已經不再需要靠著奢華商品來獲取他人的肯定，他們追求的是所謂的「低調奢華」，是只有同樣層次的富豪才看得出來的精品；他們擁有的自信與自我肯定，已不再需要靠著他人羨豔的眼光來獲取。

既然如此，為什麼還是有這麼多人汲汲營營追求擁有那些其實自己並不需要的東西呢？因為對於這群人來說，擁有奢華商品會產生一種幸福的感覺。而經濟條件有限的人在奢華事物上花錢所得到的滿足感，往往要比有錢人高太多了。因此我們常會看到有些人過度消費，導致成為「月光族」，甚至背負鉅額卡債，究其原因，不是因為自己的需求不滿足，而是欲望難以填平。

從過往的經歷中可以發現，毫無節制地追求財富不但無法帶來滿足，長遠來看，某些人甚至會因此變得更加悲慘。但對大多數人而言，「生不帶來，死不帶去」的道理，是一直要到生命尾聲才有辦法領略。

本書中提到一則希臘神話：邁達斯國王因為酒神賜予的神力，讓所有被他觸摸到的東西都變成黃金，國王原本欣喜若狂，但後來他發現這樣的神力讓他連入口的食物也變成黃金，甚至連擁抱女兒時，女兒都被他變成黃金。至此，他才慌亂不已，哀求酒神收回點物成金的能力。

克制，或者說控制自己的欲望，是一件必須終生學習的事。建立更多的自信心，學習不要透過他人的評價來肯定自己，不隨波逐流，不追求擁有而是欣賞擁有，這些心理層面的訓練都不容易，但在意志動搖時，若想想上述的希臘神話，或許就會發現，過著簡單一點的生活，少些雜亂、少些競爭，才會讓自己的人生更從容、更自在。「富貴於我如浮雲」就不再只是一句空話，而是生命的實踐。

本文作者為資深媒體人

CONTENTS

專文推薦　極簡人生的追求 002
序　言 011

第一章

我們真的擁有任何東西嗎？ 025
誰找到就歸誰 026
什麼是財產？ 031
你是我的 038
孩子是父母的財產？ 045
政治上的所有權心理 050
你可以擁有想法嗎？ 058
只不過是一個概念 065
不是人類的，但只有人才能擁有 069
先占取得的優勢 070
從以物易物到財富累積 075
遺產是一種相對價值 078

第二章

你打算冷眼旁觀、置身事外嗎？ 085
公地悲劇 093

第三章

所有權的起源 099
誰擁有班克斯的作品？ 100
紅蘿蔔與棍子 108
那是你的嗎？ 112
什麼東西可以被擁有？ 117
誰可以擁有什麼？ 120
泰迪熊與毯子 123
不僅僅是擁有 130

這樣才公平 133
美國人比較想住在瑞典 134
獨裁者賽局 140
你給我搔背，我替你抓癢 143

第四章

誠實的偽君子 146

想要公平的心理 150

讓我們團結一致 156

經濟人掰掰 162

第五章

擁有、財富與幸福 165

攀爬成功之梯 166

消費擴張的結果 170

炫耀性消費 174

為悅人而容 177

財富為什麼無法帶來快樂？ 183

選擇正確的池塘 188

閃亮亮文化 192

綠眼怪物與高大罌粟花 195

國家的財富 202

CONTENTS

第六章

我們擁有什麼，我們就是什麼 209

延伸的自我 210

商品崇拜 218

WEIRD族群 224

自私的我 231

失去的可能性 236

輸不起的輸家 240

第七章

放手 247

一鳥在手 248

追求所帶來的刺激 254

放不了手 259

心之所在，家之所在 264

動搖的根基 269

擁有讓我們變得更快樂？ 273

後記　一路競爭到終點 277

致謝 290

原文注釋 293

序言

如果用時鐘來比喻整個地球的存在，那麼我們這種大約三十萬年前才演化出來、被稱為智人的物種，不過是在接近午夜的五秒鐘前才出現。而在浩瀚宇宙間，個人的生命更是微小得不值一哂。事實上，你今天能夠在這裡都是個奇蹟。想想那些無緣結合的無數卵子與精子、那些有可能存在於這個世上的所有人類，相較之下我們能夠被生下來的機率可以說趨近於零。如果你正在看這本書，那麼你必定擁有一些許多人所沒有機會，畢竟受教育和閱讀的管道並非人類所共享。我們要很幸運才能夠站在這兒，就算只有短短的時光。然而，對於這般珍貴的生命，我們通常如何運用呢？大部分的時間我們都不斷追求著想要的東西，同時捍衛自己的東西不要被別人搶走。

能活著就是一件幸運至極的事了，但是生活富足的我們崇尚盡可能累積財物，以為這就是生命的目的。遺憾的是，滿足基本的溫飽後，取得更多財物鮮少能讓人感到滿意，想要擁有更多東西的貪婪欲望依然生生不息。人不甘於只是生活在物質世界中，我們心裡總是有股想要擁有更多東西的衝動，因為大家都相信擁有的愈多，我們就會愈好。生命只有一次，我們身體的組成源於遠古宇宙爆炸後的星塵粒子，結果我們把大半輩子的時間用來主張對宇宙成分的所有權！這麼做可說是嚴重錯估了自己的重要性，更不用說這樣的追求終究毫無意義。

人生而為財產奮鬥、因財產而起覬覦之心、把生命目的歸諸於財產，然而當塵歸塵、土歸土，對於自己曾費盡心力獲取的一切卻無從掌握。我們把生命耗在構築城堡，打造砲臺與護城河以防禦入侵者，殊不知所有這些終將被時間洪流給帶走。人並非無知。我們都知道自己不可能長生不死，也清楚明白所有東西都是生不帶來、死不帶去，儘管如此，我們依舊全心投入追求擁有的過程，從中尋找生命的意義。

我們的價值由我們所擁有的東西定義，這種所有權的心理力量強大到個人願意為此付出生命。照理說，「人終將一死」的認知是一記警鐘，提醒我們人生終究一場空。但看看下面的例子：一八五九年，英國皇家憲章號（the Royal

Charter）搭載著從澳洲金礦區歸國的淘金客，目的地是利物浦，卻在威爾斯北海岸觸礁，船上四百五十人罹難，其中許多溺斃者都是因為不願拋開黃金而跟著沉入海底。這類物質主義的荒唐故事在歷史與神話中不勝枚舉，從不知珍惜自己財富的邁達斯國王與他點物成金之力[1]，到近代一再出現暴漲暴跌的經濟循環，一般人的生活因金融機構拿全球經濟當賭注而被搞得烏煙瘴氣。其實不只投機者沉溺於追求財富，大多數人都不遑多讓。

累積財產這件事主宰著我們的人生，每個新世代拋棄舊事物的同時也著手添置屬於他們自己的新玩意。僅僅擁有並不足夠，我們還想要追求更多，唯有如此才能滿足我們心中追求擁有的渴望。每個人都想用自己所擁有的東西打造屬於自己的世界。二十年前我妻子繼承了她早逝雙親遺留下來的東西，全是他們在世時所珍愛的家居用品，有些我們用得上，其他大都堆放在閣樓裡。其實我們應該把這些東西處理掉的，可是她做不到，因為那代表抹去她父母最後的痕跡。

我們所擁有的東西會成為我們存在的證據。許多收藏品與古董的吸引力就在於與過往的連結。我很喜歡逛拍賣行與二手店，店裡那些充滿生活軌跡的物品

1.譯按：根據希臘神話的內容，酒神為了感謝邁達斯國王照顧老師之恩，賦予其想要的能力——所有觸摸到的東西都會變成黃金。邁達斯王原本欣喜若狂，卻發現因此無法吃到食物，連女兒都被他變成黃金，最後他決定請求酒神收回點物成金的能力。

總是令我感到不可思議。每樣東西都曾經屬於某個人，那個人也曾經以為它就是他最想要的東西。他或許辛苦工作才能得到它，因為擁有它而欣喜若狂，甚至是冒了很大風險才得到它。可能是一面表彰英勇的勛章、一套玩具車收藏，或一面鍍銀的鏡子——所有這些東西對曾經的擁有者而言，很可能都具有重要意義。然而，如果你知道自己的私人物品終究會被丟棄，或是被某個根本對你毫無所知的人買走，你會有什麼感覺？當然不是每個人都會為這種事煩惱，儘管確實有些人對物質的執著比較強烈，不過這也顯示了所有權的想法對於驅動人的行為具有深遠影響。「驅動」（motivate）的字源是「情感」（emotion），就此而言又更加貼切。為什麼我們會覺得需要擁有？為什麼擁有會產生情感資本？

有錢的人擁有更多財富，可以買到更多東西，但財產可不僅僅是經濟地位的象徵。更準確地說，我們與自己擁有或想要擁有的東西，都有一種情感上的連結。我們以為得到自己想要的東西就會快樂，然而大多數的時候，我們想要的東西並不會讓自己快樂。心理學家丹．吉伯特（Dan Gilbert）稱這種情況為「錯誤渴求」（miswanting）[2]，是人類常見的痛苦根源。（原注1）我們向來不擅預測追求

2.編按：指錯誤認定自己想追求的東西或是想要的程度。

一樣東西究竟可以帶來多少喜悅與滿足。對於「擁有」這件事來說尤其如此，事實上，許多廣告賣的就是擁有了特定商品後保證我們會變得更快樂。

就拿擁有生平第一部車這件讓許多人都引以為傲的開心事為例。很多人為了買車努力攢錢，買到車以後滿心驕傲又細心呵護，車子變成個人認同的一部分。為了防止愛車遭竊，每年都有車主因此受傷、甚或喪命，因為對他們來說，失去的不是金錢，而是所有權。一旦屬於自己的東西要被奪走了，我們就會失去理性，彷彿是自己的生命面臨威脅。這是一種人與財產之間不健康的關係。車主化身肉盾為愛車阻擋來車追撞，（原注2）或趴在引擎蓋上不讓愛車被人劫走（原注3），這些事件時有耳聞，但若冷靜思考，理性的人不會為了一輛車就把自己推入險境。話說回來，當我們看到停在鄰居車道上的新車時，往往也會對自己的車不甚滿意，想要換輛更好的車。所有權的心理助長了競爭。在這場競賽中，不可能人人都是冠軍，我們永遠都會發現自己比上不足、比下有餘。

所有權的心理還具有長遠的後果。許多人購買的東西遠遠超過他們所需，他們也清楚明白這種行為其實對未來世代不負責任，因為地球資源有限，而且能源消耗與碳排放量增加會改變氣候。目前這顆星球上的多數人口以及各種活動造成了全球暖化，而主要原因正是在於消費習慣。（原注4）從個人的層面來看，我們不覺得自己要負什麼責任。我們會狡辯說與其他七十億人口相比，自己的影響實在微不足道，還會反問說如果其他人都為所欲為，為什麼我們要克制？即使我們願意為孩子犧牲自己，但所有權心理是一股強大的驅力，讓我們無法輕易改變自己過度的消費主義。

二〇一一年，世界觀察研究所（WorldWatch Institute）針對人類行為提出的年度報告《世界現況》（*State of the World*）指出：

> 實際上，不論根據家庭支出、消費者數量、原物料提煉等各種衡量標準，數十年來，工業化國家的消費財與消費性服務持續穩定增加，在許多發展中國家更是快速成長……若最富裕階級的消費渴望無法被滿足，那麼要在大眾消費將我們的地球資源消耗殆盡前有效抑制消費，顯然是奢望。（原注5）

報告繼續指出，證據顯示每一種消費類別的增長幅度都很驚人，但有一個數字特別值得注意。目前每人可分配到一點九公頃具生物生產能力的土地來供應食物資源與吸收廢物，然而地球上平均每人使用的面積卻高達二點三公頃。這些「生態足跡」（ecological footprint）[3]的大小從美國平均每人九點七公頃，到莫三比克平均每人零點四七公頃不等。隨著地球人口預估將以每年八千三百萬人的速度持續攀升，情況只會愈來愈糟。我們該如何處理日益嚴重的不均問題？

若所有權的熱議引起了貧富不均的問題，那麼就算最狂熱的資本主義者也看得出來情況已然失控。全球不到百分之一的人口擁有世界一半以上的財富，因此激起了暴動、叛亂與革命之火。中國與印度加起來有二十七億五千萬人，其中大多數都是窮人。已開發國家排拒其他國家的發展而捍衛自己優越的財富地位，這樣對嗎？衝突油然而生。戰爭有各種原因，但所有權的衝突是共同要素。歐洲的難民危機激發出仇外情緒以及對喪失所有權的恐懼，使得右派保護主義再度興盛。不論是川普總統鼓吹的建築圍牆把移民擋在美國境外，抑或是英國為了終結移工和難民湧入而脫歐，當前的政治環境充斥著所有權與掌控權的語言。

3.編按：以生物生產力土地面積來估算特定人口或經濟體的資源消費與廢棄物的多寡，生態足跡與環境衝擊成正比，足跡愈大衝擊愈大。

本書於此時出版的目的為何？我們為什麼要關心所有權作為衝突根源的問題？爭奪資源並非新聞，資料數據也告訴我們，相較於過去的世界，現在的生活其實好多了。事實上，只要跟幾百年前相比，攸關人類福祉的所有重要層面都改善不少，然而多數人卻陷在一種衰落論（declinism，相信過去比現在好）的想法中，認為這個世界正緩緩朝著地獄而去。

近年來，各式民調顯示富裕國家的多數公民都一面倒地相信世界愈來愈糟。值得注意的是，正在經歷經濟成長的開發中國家民眾可沒有這麼悲觀。（原注6）衰落論這個扭曲觀點是右翼政客的工具，用於為民族主義與保護主義加柴添火。它的興起有很多原因，從認知偏見（包括裹上美好糖衣的懷舊心情以及更加關注未來危險的習性，特別是如果你已經很富有了），到眾所皆知的壞消息比好消息更具新聞價值。衰落論解釋了為什麼當你對未來懷抱著不理性的恐懼時，極端行動與政客的保證似乎更吸引人。

不同於這堵悲觀之牆，心理學家史迪芬・平克（Steven Pinker）是頑強的樂觀主義者，堅信那些販售衰落觀點的傢伙正在煽動無稽的恐慌。（原注7）不論是生活、健康或財富，從所有發展的角度來看，這個世界都在蒸蒸日上——只不過這些成就的代價是自然資源的消耗增加。愈來愈多人期待更健康、更富裕的生活，就表示生活會愈來愈好；然而這樣的情況可以維持多久？這種毫無節制的消費行為對於環境會造成什麼樣的後果？平克要我們別擔心，歷史告訴我們，一旦危機迫近，人類就會發揮創造力與智慧轉危為安，而且總是有能力應付環境的挑戰。我希望他是對的，但現在著手處理已經確定會造成環境問題的人類行為，而不是把信心放在未來的解決對策，顯然是更加審慎的作法。

眼前就有一個明明白白且無法輕易或快速解決的危機：氣候變遷。專家們已有共識，未來地球環境將會發生劇烈變化，對於地球上的生命而言狀況可能非常嚴峻。不論對這個問題抱持極度悲觀或樂觀的想法都很危險。悲觀主義者的問題在於會產生一種宿命論，「有什麼用呢？」他們認為努力改變只是徒勞，所以也就更不願意去尋找解決方案。另一方面，把解決問題的希望寄託於未來科學或科技的盲目樂觀，同樣不負責任，因為這種想法漠視了處理及改變目前行為的迫切需要。

毫無疑問，科學與科技將克服許多因為人口增加與過度消費所衍生的問題，然而更好的教育可以讓我們改變自己的行為方式，避免生態災難。生活愈富足、知識教育程度愈高，往往也會愈關注環境議題。舉例來說，自從英國國家廣播電臺於二〇一八年播出《藍色星球》（*Blue Planet*）紀錄片第二輯後，海洋生物因為我們丟棄的塑膠製品而窒息的那些畫面令人震撼，海內外都發起了高調的遊說活動，要求降低一次性使用的消費產品——塑膠包裝與塑膠類消耗品。儘管效用杯水車薪，但在全英國的酒吧與餐廳中，現在已經看不到塑膠吸管了。這項成就或許只是一種微不足道的表態，卻也顯示個人與企業在面對壞消息時的迅速反應。這些表態會引發社會運動。一如我們所見，人類對於保護環境這件事的集體不負責任導致了各種問題，但若全體個人都能提高關注，就能夠找出解決方法。二〇一九年那個異常炎熱的春天，全球環保行動反抗滅絕（the Extinction Rebellion）在倫敦如火如荼展開，老老少少都加入，過程和平順暢。它反映的是人們對於未能有效應付氣候變遷的焦慮與挫折。受過教育的富有健康族群因為擔憂衰落論而發起為更好未來努力的活動，這類活動之所以出現正是源於人們愈來愈不相信單靠一己之力可以改變現況，也不認為科技進步就必然可以找到解決辦法。結果就是，生產者必須因應消費者的要求進行替代方案的投資。二〇一九年一月，世界最大的化學企業陶氏化學（Dow）宣布投入十億美元推展全球企業聯盟，期待再募集到十五億美元投資，目標是終結塑膠垃圾。

隨著人口增加，可以預期追求生活改善的需求也會增加，但是為了擁有而消費是我們應該屏棄的一種執念。就像過去三十多年，西方世界對於動物毛皮與象牙的需求因為生態環境保護者的關注而降低，人類確實可以改變消費行為。既然如此，還有什麼方式比掀開「所有權」的遮羞布更好，這樣大家才能看清楚到底是什麼驅使我們想要擁有自己其實並不需要的東西！

本書是探討所有權的心理如何形塑與控制人類行為的第一本書。「擁有」（to own）這個詞已經普遍到我們根本不會特別留意，但它其實是人類心智最強有力的概念。它以各種深刻的方式影響人的行為，不論我們做什麼、去哪裡、如何描述自己與他人、幫助誰又懲罰誰，都與它密不可分。文明的脈絡就是建築在所有權的概念之上，沒有這個概念，我們的社會就會崩解。我們對於所有權的依賴究竟從何而來？我們每個人是如何學會主張或放棄所有權？我們為什麼覺得自己必須擁有更多？所有權如何形塑「自我」的認同？當我們開始問這些問題，那些已經習以為常的概念會變得陌生起來。所有權的界定不再是一種法定狀態、經濟地位、政治武器，甚至也不再是一種權宜之計。更確切地說，它是人類之所以為人類，以及我們如何看待自己的一個重要特質。

世間一切都是生不帶來、死不帶去，但在生死之間，在生命的短暫片段，我們因為所有權而趾高氣昂或捶胸頓足，彷彿我們的存在端視我們所能擁有的東西。對許多人而言，生活就是義無反顧地追求，就算會危及自身與下一代，甚至最終連地球的未來也賠進去。如果我們想要改變這樣的狀況，就必須瞭解什麼是所有權、它從何而來、會產生怎麼樣的驅力，以及少了它如何繼續開心過日子。

我們都以為擁有就可以得到快樂，然而若擁有真的可以帶來任何東西，往往也是苦澀。一心想著累積財富的人，鮮少可以在驀然回首來時路時，發自肺腑說出：「這一生過得值得。」我們陷入欲望的追逐戰，但很少人真正關心到底獲得了什麼或代價如何——不論是個人的、物種的，或整個地球的代價。如果你仔細算算自己在追求物質財富這條路上所付出的努力，所遭遇的競爭、失望，還有所有不公不義，以及所造成的一切損害，結果似乎是這樣的人生根本不值得活。可是我們好像無法控制自己。我們全都著了魔似的想要擁有更多——若能瞭解我們**為什麼**需要擁有，就可以成功驅魔。

第一章

我們真的擁有任何東西嗎？

誰找到就歸誰

夏農．惠斯南特（Shannon Whisnant）很想成名。他夢想成為大人物。這傢伙總是幻想擁有自己主持的電視節目、當個明星，後來一樁奇怪的所有權爭議，果然讓他美夢成真。

二〇〇七年，夏農在北卡羅萊納州梅登市的拍賣場上買了一組烤肉架。那場拍賣會是一家倉儲租賃公司合法拍賣積欠租金的租賃者鎖在他們倉庫裡的東西。夏農是當地的貿易商，付了幾塊美金買下烤肉架，不久他就發現這東西絕對物超所值。他打開烤肉架後，赫然發現裡頭有隻人類的左腳。是誰的腳？是盜墓者的收藏，還是一起謀殺案？通報警方後，他們沒收了這隻腳並展開調查，眾人也議論紛紛。夏農心想可以利用人們這種病態的好奇心大賺一筆，於是他聯絡警方要求取回屬於他的腳。於此同時，警方查明案情，確定這隻腳並非來自哪個亡者，主人是還好端端活在南卡羅萊納州的男子，名叫約翰．伍德（John Wood）。

原來是三年前約翰因為飛機失事而失去父親，他自己也受到重創，必須進行截肢。他請醫院幫他保留截下來的腳以紀念這場意外，而醫院竟然也答應了。這種行為不太正常，不過約翰當時就有酗酒與吸毒的問題，最終他連房子也難保，在移居南卡羅萊納州前，他把包括自己斷肢與烤肉架在內的所有家當全鎖進了租來的倉庫裡。後來他母親拒絕支付倉儲費用，於是他的那些東西成了拍賣品。這就是約翰的斷腳變成夏農的財產的過程。

約翰要求對方歸還斷肢，夏農卻力主自己才是斷腳的合法所有人。兩人在梅登市的一處停車場見面，夏農試圖說服約翰同意共同持有這隻腳。最後這場紛爭在法院落幕，法官判定斷腳應該歸還約翰，但因為夏農擁有斷腳的合法所有權，因此可以獲得五千美元的賠償。

這起事件在二〇一五被拍成紀錄片《誰找到就歸誰》（*Finders keepers*），主題很吸引人，因為它挑戰了我們對於所有權理所當然的假設。（原注1）第一，有什麼比一個人對於自己身體的所有權更無庸置疑的？如果有人聲稱擁有他人的身體，不論任何部分，必然駭人聽聞。別說擁有他人的身體，就算只是碰觸另一個人的身體，對多數人來說都是無法接受的。這種事情連還沒上學的孩童都很敏感，隨便問問哪個四歲的小孩，他也會告訴你必須經過人家的同意才能摸對方的手或腳。（原注2）第二，隨著年齡增長，所有權的意識上升，每個人都有權決定怎麼對待自己的身體：身為一個自主的成人，刺青、穿洞、整型或允許他人碰觸自己的身體，都是行使身體所有權的方式。

然而與直覺和一般認知相反的是，你的身體不一定屬於你的。如果你真的擁有自己身體的所有權，照理說你可以隨心所欲運用。但是這樣的支配權會因為你身處的地方而有所不同。以刺青為例，在許多國家刺青是違法的。一九九〇年代我還在哈佛任教的時候，麻省仍視刺青為非法行為，而且是一種「人身傷害罪」。如果有人想在自己身上刺鳥畫花，必須跨州到羅德島去做。麻州這項禁令一直到千禧年才終於修改。至於買賣身體或器官，在許多國家亦是明令禁止。舉例來說，販售自己的腎臟在美國與英國是非法行為，但在澳洲和新加坡卻完全合法，因此該地區的活體器官捐贈者可以透過販售自己的器官獲利。（原注3）

戕害自己身體最極端的行為是自殺。儘管自殺大多已經除罪化，但在許多國家它依然是非法的。協助自殺與安樂死在英國亦屬違法，即使病患已經病入膏肓且飽受折磨。然而在古羅馬時期，自殺不但是可接受的，甚至被認為是高尚的行為，只不過奴隸和軍人自殺算違法，因為他們是雇主與國家的財產，自殺等同竊盜，而竊盜在古羅馬是死罪，因此自殺未遂的奴隸與軍人依法會被處以死刑，真是諷刺。

在許多司法管轄區，損毀財產仍是所有權的現代定義內涵。處分權（*jus abutendi*）[1]的概念，亦即毀損財產或隨意處置財產的權利，始自羅馬法，在當今的英美法體系中依然有效。伊利諾州的法學教授約瑟夫・薩克斯（Joseph Sax）在其著作《在林布蘭的畫作上射飛鏢》（*Playing Darts with a Rembrandt*）（原注4）中指出，如果某位藝術收藏家想在他珍藏的林布蘭畫作上射飛鏢，就處分權而言沒有人可以加以制止。這道法律背後的邏輯是，如果毀損被視為是最極端的合法行為，那麼有權毀損自己財產的財產所有人，當然就有權對自己的財產行使其他各種權利。

多數人不會故意去毀壞世界名畫，但這樣的事絕非不可能，譬如洛克斐勒家族（the Rockefeller family）在一九三二年曾委託知名的墨西哥畫家迪亞哥・里

1.譯按：根據羅馬法與美國民法，*jus abutendi* 更詳細的解釋是充分處置財產的權力，包括浪費與毀損，亦即對財產的絕對與無限所有權，包括有權自由轉讓。

維拉（Diego Rivera）為他們在曼哈頓的辦公大樓繪製一幅壁畫，但最後畫作卻被毀了，因為他們不喜歡該作品所傳達的政治意涵。此外，二〇〇一年，塔利班組織在全球驚恐的目睹下，炸毀了阿富汗的兩尊巨佛，公然破壞歷史文物。這兩尊被列為世界文化遺產的巨佛雕刻在石崖上，完成時間可追溯至西元六世紀。塔利班聲稱這樣的行動是在掃除偶像崇拜，然而身為當時阿富汗占據勢力的他們其實也是在展現所有權，主張他們有權隨意處置奪來的東西。

就算一個人已經死了，身體的所有權依舊會是爭點。以《庫克聊美國》（*Letter from America*）這個廣播節目聞名的主持人阿利斯泰爾・庫克（Alistair Cooke）去世後，他女兒從電話簿中選了一家祭出特價服務的葬儀社火化父親的遺體。後來她收到一個厚紙板盒子，她以為父親的骨灰都在裡頭了，殊不知遺體被竊取。一家不道德的生物醫學細胞公司收買了葬儀社，在火化前取走了這位知名廣播人的腿骨。在買賣無主大體或殘骸的人體組織販賣市場上，這些腿骨價值七千美元，但「處理」遺骸並採集組織的公司卻可以賺到十萬美元。生物醫學的過程完全合法且有其必要。在美國，摘除人體器官這個行業的年度總市值超過十億美金，但

死者家屬一毛錢也拿不到。（原注5）

這類荒唐的遺體損毀與明顯的竊盜行為很嚇人，不過確實我們的直覺往往與法律不對盤。最近一項研究是從法律檔案中找出十件真實發生過的「誰找到就歸誰」案例，以此進行思想實驗，看看大眾會如何決定。（原注6）每一起案件都涉及某人在他人土地上找到某個有價的東西，相較於主張誰找到就歸誰，人們會以各種標準做出判斷，但這些判斷經常與法院實際裁判不同調。有些人認為如果地主不知道有這樣東西存在，那麼發現者就有權擁有它；有些人覺得就算地主不知道，只要土地是他的，土地上所有東西就都是他的。還有發現東西的地方是公共空間抑或私人空間、地下或地上、東西是遺失或放錯地方等等不同條件，都會讓人對所有權產生不同的態度。顯然談到所有權，總是言人人殊。

什麼是財產？

「財產」兩個字聽起來直接易懂，但真要定義卻相當棘手。關於財產的明確規範可以追溯至約四千年前，已知的第一部成文法典就涵蓋了財產遺失與遭竊。後來柏拉圖與亞里斯多德開啟了一場哲學論辯，探討如何妥善規範所有權以及擁有物。他們的討論一路延續到羅馬法、中古世紀的法律，以及包括霍布斯（Thomas Hobbes）在內的啟蒙時期思想家；霍布斯主張若沒有國家介入規範財產權，爭端將成為常態，平靜與和諧的生活將不可能。（原注7）

幾乎每本現代的法律教科書都會以「什麼是財產」作為開頭，只不過從來沒有明確答案。事實上，這個問題根本沒有答案，因為財產的定義一直在變。我們不妨以英國哲學家洛克（John Locke）的作品來思考一下財產的定義；洛克在一六九八年指出，因為我們是自己的主人，所以我們擁有透過自己勞力所創作、塑造與生產的東西，「因此，不論他從自然狀態中取走任何東西，只要他融入了自己的勞力，加入屬於他自己的東西，就使之成為他的財產。」（原注8）換言之，我們可以藉由付出的努力來主張所有權，不論這樣的努力是勞力的形式，或是透過金錢購買而賦予價值。洛克表示購買其實是另一種創造的形式，因為財富也是源於努力的果實。不過這種直接了當的交易有個前提，買賣雙方必須對於何謂財產以及它能不能被擁有達成共識。好比說北歐的游牧民族薩米人認為，一個人所能擁有的東西就是他可以扛得走的東西；北美的原住民則相信，你唯一能擁有的只有自己的靈魂，因為它是你唯一能帶到下一世的東西。

對於財產的不同文化理解，迸出一些奇特的火花。一六二六年，荷蘭探險家彼得．米紐特（Peter Minuit）用相當於二十四塊美金的貨物，從德拉瓦州的土著勒納佩人（Lenape）手中買下了曼哈頓島。買賣雙方都沒有簽署任何文件，除了一紙寫給荷蘭西印度公司的信，信中簡單提及：「**他們已從野蠻人手中以六十荷蘭盾[2]的價格買下曼哈頓島**。」當時的曼哈頓島（取自德拉瓦語 manna-hata，意思為「多丘之島」）是一塊四面環河、適合農耕之地，也是建立殖民區的理想之地。這項買賣看起來很划算，但勒納佩人其實對於交易沒有什麼實際概念，所以怎麼說都有失公允。當時以貨物交換安全的通行或土地占有是很常見的事，但土地的永久持有權對於原住民來說根本是不存在的概念。買賣雙方可能在完全不同的理解下達成了協議。海瑟．克勞修賀許（Heather Crowshoe-Hirsch）是第一民族（the First Nation）[3]的後裔，她解釋說：「『財產』這個詞其實並不適當，因

2.譯按：guilder，歐元使用前的荷蘭貨幣，於十三世紀開始流通。

3.譯按：加拿大北極圈以南的主要原住民部落統稱，居住在北極圈內的因紐特人以及加拿大原住民與早期歐洲移民的混血梅蒂人不在其內。

為嚴格來說，此案的交易物並不屬於任何人。這些土地是『造物者的恩賜』，任何人都無權擁有或稱之為財產。」──（原注9）北美的原住民沒有土地所有權的概念，或許這也是為什麼當有人要拿東西交換神所擁有的東西時，他們會感到困惑不解。畢竟沒有人可以出售不屬於自己的東西。當然，這究竟是不是一宗合法的交易，至今都容有爭議。

一個人可以擁有什麼也因管轄區不同而異。舉例來說，紐約市禁止養刺蝟，但隔了一條哈德遜河的紐澤西州卻沒有這樣的禁令。（原注10）在美國有些州，你不能以高於票面的價格轉售演唱會門票，就算是你自己買的票也一樣。轉售處方箋也是被禁止的，即使處方內容是無害的眼鏡或隱形眼鏡，因為它們都被列入藥物交易的範疇。你使用的電腦軟體也從來不屬於你，你有的只是一紙許可，換言之你不能合法轉售。當你跨出國門進入另一個國家，情況更形複雜，所以有整套「國際私法」（conflict of laws）[4]用於解決因不同法體系所造成的問題。大多數國家都認為他國法律不適用於本國，否則早有一套放諸四海皆準的財產法。《世界人權宣言》第十七條提到「人人得有單獨的財產所有權以及同他人合有的所有

4.編按：指一個國家處理涉及外國公民和法人的民商事法律關係的規則。

權」，然而對於什麼是財產以及我們可以如何處置財產，並沒有普遍的規範。

人可以擁有的財產內容也隨著時間改變。就拿現在大家都深惡痛絕的蓄奴來說。直到不久前，許多國家還允許人民買賣奴隸。過去戰爭的目的不僅是奪取土地與資源，還可以取得奴役的勞動價值。古世界最偉大的一些奇景都是由外籍奴隸所建造，像埃及的吉薩金字塔就是十萬奴工經過三十年的流血流汗才完成。

奴隸制度不僅引發道德爭議，也掀起所有權的邏輯問題。舉例來說，洛克認為財產經由勞力付出而獲得的概念深植美國憲法，也是激勵農民與拓荒者開墾土地的誘因。揮灑在土地上的汗水打造出一個新的國家，而這些人的勞力則換來了土地的合法所有權。結果原住民被驅趕到保留區，他們祖先留下的土地被轉給自耕農去開發。這種作法往往引發搶土地的混戰。一八九三年九月十六日中午，十萬拓荒農民在奧克拉荷馬州六百萬英畝土地上驅馬圈地（把木樁打進土裡）的畫面想必令人震撼。那些土地原本屬於切羅基族（Cherokee）原住民的放牧區。而這樣的行為完全合法，因為他們給了切羅基人一筆微薄的賠償金。

不過一提到奴隸，美國就深陷憲法與洛克財產論的衝突。根據洛克的理論，如果是奴隸在土地上流血流汗，那麼他們才應該是土地的所有人。即使一七七六年頒布的《獨立宣言》明言「人生而平等」，奴隸仍被視為可以買賣的財產。既然是財產，他們的一切也都歸屬於主人。

為了調和洛克理論與美國憲法之間的矛盾，於是奴隸被認為不具自由意志。事實上，奴隸也確實被視為沒有自我思考的能力。十九世紀有個非常出名的判例，一個名叫路克的黑奴因為開槍射殺誤闖入主人土地的驢群，而以惡意毀損財產的罪名被送進了弗羅里達州的法庭受審。（原注11）法院一開始判路克入監坐牢，上訴後改判無罪釋放，理由是他會開槍是主人授命，若判有罪不啻承認他具有自由意志。諷刺的是，為了維繫這條奴隸成規，法院還得承認自己的裁判錯誤。奴隸被視為動產，跟動物一樣「沒有反抗主人的意志」。

除了把奴隸視為沒有自由意志的動物，奴隸主還主張他們所擁有的並非奴隸本身，而是他們的生產力。美國南方的法學教授李樸氏（Francis Lieber）在一八五七年曾這麼寫道，「正確來說……奴隸本身並非財產，他的勞力才是財產。財產包含可以自由處置所有物的概念……我們對奴隸沒有這樣的權利，也從來沒有這樣主張過。」（原注12）換言之，奴隸的行動屬於主人所有，從而主人也必須為其行動負責。蓄奴相關的法令並非針對奴隸（因為他們根本沒有自由意志），而是針對必須為自己財產負責的奴隸主。有個實例可以說明這個原則，一八二七年有個奴隸撿到一筆小錢，而奴隸主對此毫無所悉，後來錢被偷走，法院裁判這就等於奴隸主的錢被偷走。

今日每個國家都將奴隸制度視為違法，卻無法阻止這門有利可圖的生意。全球化讓西方國家得以利用其他國家的廉價勞工而獲取相當的財富，結果是造成貧者愈貧。聯合國國際勞工組織（原注13）與全球奴役指數（Global Slavery Index）（原注14）等單位皆指出，目前全球有超過四千萬人身陷奴隸般的處境。我們所享受的生活品質其實是建立在我們無意造成的不幸上，因為我們想要更便宜的東西。舉例來說，我們消耗的茶葉與巧克力大多是由工作條件等同於奴隸的工人們所生產出來的。拜那些廉價勞工所賜，我們才能買到來自中國與印度的產品；百分之五十八的現代奴工集中在五個惡名昭彰的國家，中國與印度就是其二。許多當地勞工付錢給人口販子後偷渡到西方國家，卻可能步入另一個可悲的工作陷阱。

現代奴工跟前幾個世紀的奴隸不同，他們可以「自由」離開工作場所，但貧窮與威脅懲罰讓他們別無去路，只能繼續留在汗血工廠裡生產我們每天都會消費的產品。以全世界最受歡迎的智慧手機 iPhone 為例，它們都是「加州設計，中國製造」。大多數擁有 iPhone 的人可能不知道，這個消費主義所必備的時髦戰利品是在備受批評的中國工廠裡組裝出來的，他們長期剝削、壓榨、霸凌勞工，勞工自殺率居高不下。（原注15）二〇一二年，中國某家 iPhone 製造廠有一百五十名勞工聚集在工廠頂樓威脅要往下跳，直到廠方承諾改善工作條件才罷休。根據估計，在世界各地的血汗工廠裡，有四分之一的奴工是孩童，他們每年為人口販子賺進高達一千五百億美元的不法獲利。大多數童工都是女孩子，（原注16）他們都被視為可交易的財產。

你是我的

保羅：荷莉，我愛妳。

荷莉：所以呢？

保羅：所以？有很多意義啊。我愛妳。妳屬於我。

荷莉：我不屬於你。誰都不屬於誰。

保羅：人們當然有所屬。

荷莉：沒有人可以把我關進籠子裡。

——摘自一九六一年布萊克．愛德華斯（Blake Edwards）執導的《第凡內早餐》

數百年來，除了奴隸與原住民，另一種屈從者群體就是妻子。十九世紀前，婚姻向來都是所有權的展現，妻子被認為是丈夫的財產，在普通法裡以「妻權從夫」（coverture）[5]一詞以蔽之。妻子歸屬丈夫的權限（庇護），無權享有獨立的所有權。就法律層面來看，夫妻被視為一體，但一體的主人是丈夫。

結婚的理由原本也很實際。不同於浪漫的西方觀點，愛情和婚姻一點也不像馬和馬車的關係[6]，至少婚姻的本意從來不是愛情。根據歷史學家史蒂芬妮．昆茲（Stephanie Coontz）指出，十八世紀晚期之前，婚姻被視為一個重要的經濟

5.編按：過去英國普通法曾限制妻子不能擁有獨立於丈夫權利主張之外的財產。

6.譯按：出自法蘭克．辛納屈（Frank Sinatra）歌曲〈愛與婚姻〉（love and marriage）的歌詞：愛與婚姻，就像馬和馬車，讓我告訴你，兄弟，誰也少不了誰。

與政治議題，因此當事人沒有自由選擇的權利，更遑論奠基於虛幻又短暫的愛情。（原注17）事實上，為愛而婚被視為是對社會秩序的威脅，因為那會讓人把婚姻置於父母、家庭以及上帝之上。

數百年來，婚姻對市場、政府與社會安全卓有貢獻。它透過繼承掌控了財富分配大權，確保家族成員在不確定的未來衣食無虞。在天平的最頂端，婚姻被用來當成政治、經濟與軍事的結盟工具。儘管莎士比亞的作品裡大量描繪愛情，但那樣的愛情經常與家族責任衝突，《羅蜜歐與茱莉葉》就是這種狀況的縮影。僅僅為了愛情而結婚，特別是代價高昂時，往往會被視為愚蠢的行為。更確切地說，婚姻的指導原則是財富的穩定與轉移，而不是從此過著幸福快樂的日子。如果真的出現幸福的婚姻，那也只是天上掉下來的額外紅利。

婚姻的代價愈高，雙方親友的發言權也就愈大。在許多文化裡，如果丈夫比妻子早逝，遺孀就必須改嫁給夫家的另一位成員，以維繫財產的延續性。除此之外，還有婚姻的原始價碼。最普遍的型態大概算是嫁妝制度了，也就是為了能讓自己的女兒嫁給對方的兒子，新娘家人支付一筆錢給新郎家。

在西方，嫁妝制度早在幾百年前就已經被廢棄了，但在支付婚禮費用時，這個習俗依然存在。我結婚時就天真認定老丈人必然會毫不吝嗇地把帳單全都處理好，因為那時候我只是個研究所的窮學生，而他們想辦場熱鬧的宴會，讓親朋好友都叫好。事實上，他們展現的慷慨正是古老嫁妝制度所傳承下來的作法。直到今日，許多人依然堅持新娘家才是婚宴的主人，要支付所有的費用。

為什麼嫁女兒要附嫁妝呢？一個簡單的理由是，在許多社會，婚姻是成人的指標，不論男女。中古世紀時，社會期待英國男人要先達到某種程度的經濟獨立才能成家，這也是husband這個字的來源。[7] 男人在經濟獨立之前是沒有實質的人。而女人之所以需要結婚是為了被社會接受。未婚女子會被懷疑且常常被排擠。諷刺的是，女子一旦走進婚姻，不但失去財產權，也失去為自己說話的權利。她帶入婚姻的所有財產都由丈夫掌控。除了日常家務，其他所有事情都需經過丈夫同意。這種情況一直到十九世紀末才有了改變，一八七〇至九三年間，英國逐步採用《已婚婦女財產法》。到了一九六〇年代，美國有些州仍保留妻權從夫的部分觀點；而在英國，要到一九八〇年已婚婦女才可以用自己的名字申請貸

7.譯按：husband 源於古挪威文，是由 *hus*（房子）與 *bondi*（土地的所有者）結合而來，也就是某種程度的經濟獨立。

款。即使是英國第一位女性首相柴契爾夫人，在她一九七九年初任首相時，也無權辦理貸款。現在依然有許多歧視女性的社會。二〇一六年世界銀行報告指出，有三十個國家限定男性為戶長，十九個國家的女性在法律上依然有服從丈夫的義務。（原注18）

過去婚姻是一種資源共享的策略，可以確保家庭長期興旺。丈夫負責管理財產，包括他的妻子、孩子與奴僕，也是他們的法律代表。社會期待丈夫像所有權人一樣掌控自己的財產，婚姻生活的英文字 wedlock[8] 傳達的就是這種堅定的所有權概念。到了十八、十九世紀，隨著浪漫主義運動興起，愛情才真正被納入婚姻的方程式中，而今日則被視為成功婚姻的先決條件。

雖然大多數的現代西方人都覺得父母之命、媒妁之言的安排很不可思議，但我們不該忘記這只是少數看法；當今大多數的社會仍是採用某種形式的媒妁婚姻。不同於西方人的成見，媒妁婚姻並不一定就代表被迫婚嫁，也不代表男女雙方沒有說不的權利。這類婚姻通常是有人代表男女雙方進行相當程度的調查、媒合以及介紹之後，主角才會同意接受。

8.譯按：wedlock 出自古英文 wedlac，意思是「婚姻盟誓」，由誓言（wed）與表示行動的字尾 lac 結合而成；以現代英文的角度來看，wedlock 是婚姻（wed）與鎖（lock）的結合。

即使我們相信西方已經放棄了媒妁婚姻，但只要稍微想想把人與人拉在一起的社會經濟環境，就會發現家人在其中扮演了很重要的角色。不論怎麼說，是家庭負擔孩子的教育、居住以及職業選擇的所有相關費用後，孩子們才有機會自己擔綱演出白馬王子與白雪公主相遇的戲碼。或許我們並未刻意安排，但是一般人更有可能跟常見到面的人結婚。（原注19）而隨著通訊數位化，所有一切都在改變中，尋找與更換伴侶變得愈來愈容易，從約會軟體在Tinderalla[9]世代受歡迎的程度可見一斑。

大環境也在改變。婚姻其實並非必要，中國摩梭族（Mosuo）[10]的傳統社會就沒有婚姻這種制度。此外，還有多妻多夫以及最近盛行沒有婚姻約束的多伴侶關係。各種同居的模式成因很多，其中一個很重要的原因是提供個人支援的福利國家（welfare state）[11]興起，降低了只有透過婚姻才能互相依存的需要。不久以前，非婚生子女還是一件相對少見且被認為是羞恥的事情，但今日全英國有半數的孩子是非婚生子女。單親照顧的現象也是源於愈來愈少人選擇結婚；相較於六〇年代，如今男女結婚的數量銳減了一半，而且百分之五十的婚姻以離婚收場。

9.譯按：Tinder是美國著名的約會網站與線上交友程式，美國人把灰姑娘的英文Cinderalla改成了Tinderalla，泛稱使用Tinder這類約會軟體的女性族群。

10.譯按：四川與雲南邊境的中國少數民族，母系社會，實施走婚制度，男方晚間前往女子家中，天亮回到自己家，男人對自己的孩子沒有養育義務，但需扶養姊妹的孩子。

11.譯按：國家透過社會立法規範強制性、集體性以及非差別性的福利體系。

與六〇年代相比，現在歐洲的離婚率增加了一倍。（原注20）

離婚的爭點大都在財產與所有權，但離婚律師是相當晚近才出現的一種職業。在過去，離婚極其困難又複雜，法律規範也不明確。（原注21）一旦離了婚，所有財產往往全歸丈夫。在《離婚法》於一八五七年正式生效前，綜觀英國歷史，離婚案件只有三百二十四件，而且僅有四件是由妻子提出。到了二〇一六年，英國一年就有十萬七千件離婚申請，大概每十對夫妻有四對勞燕分飛。對比以媒妁婚姻為主流的印度，離婚率只有百分之一。然而隨著印度的經濟成長，個人獲得的社會支持變多了，傳統婚姻制度是否會偏向西方價值有待觀察。

對於離婚的女性來說，離婚不僅是造成悲慘生活的原因，也是反映所有權不平等的照妖鏡，一切情勢都對她們不利，更有可能陷入經濟窘境。一項針對離婚所做的大範圍研究推估，離婚的男人，特別是為人父者，與離婚前相比，財富約增加三成多。（原注22）至於離婚的女性，不論是否有孩子，平均收入大概會比離婚前減少兩成五，而且這樣的情況會持續多年。儘管到了今天所有權已經不是結婚的必要條件，卻必然會在兩人分道揚鑣的路上舉足輕重。

孩子是父母的財產？

所有權的心理也把家人綁在一起。人們對於家庭的義務有各種不同的認知，然而孩子是父母的責任這件事卻放諸四海皆準。這其實也是一種所有權的形式，父母掌控自己孩子。只不過這種關係是互惠的。我們屬於家庭，家庭也屬於我們。若孩子的作為讓家庭蒙羞，我們可以**捨棄擁有**，不把他視為家庭的一員；反過來說，如果孩子不想再和家庭有任何關係，他們也可以**捨棄擁有**。

從父母的角度來看，他們期待對孩子有絕對的權利，就像對待財產一樣。當然沒有父母會這樣說，但二〇〇一年針對英國艾爾德黑爾醫院（Alder Hey Hostipal）醜聞事件所提出的《瑞德佛恩報告》（*the Redfern Report*）[12]收集了各方證詞，裡頭就充滿了這類言論。（原注23）一九八八至九五年間，位於利物浦的艾爾德黑爾醫院在未經早夭孩童的父母同意前，就收集並儲存這些遺體的器官與組織。如之前所提，由於屍體不屬於任何人，這麼做理論上並未違法；在病理學上，保存人類細胞組織進行研究也是實務常見流程。然而當醫院的作法遭人披露

12.譯按：《瑞德佛恩報告》即艾爾德黑爾醫院的官方報告。

後，那些父母卻怒不可抑。在報告中，一位家長這麼說：「感覺像是盜墓。醫院偷了我的東西。」另一位則說：「艾爾德黑爾醫院偷走了我孩子九成的部分。」

這些悲傷的父母訴諸所有權的措辭，要求醫院歸還孩子被摘取的身體器官：歸還在法律上屬於他們的東西，以及他們對自己孩子遺體的處置權。他們的說法清楚表達了他們有權擁有孩子的遺體，不論是器官、組織，抑或一塊塊被封在石蠟中的細胞。報告中最值得深思的是，幾乎沒有人談論到死者的法律地位，重點反而是提出一系列的建議回應這些父母的憂慮，採取適當的程序預防類似事件再度發生。

說到照顧孩子的問題，其實公眾意見與法律之間存在相當的歧異。大多數的父母都無法接受其他人掌控自己的孩子，就算是國家也不行。二〇一八年，艾爾德黑爾醫院再次受到公眾嚴格檢視，因為癌末幼童艾爾菲・伊文斯（Alfie Evans）的父母槓上了醫生，希望醫院繼續提供孩子維生系統。艾爾菲的父母把案子送進高等法院、上訴法院、最高法院，以及歐洲人權法院，但全都敗訴。許多支持他們作法的為人父母者認為這純然就是國家控制幼童生命的案例，又或者如脫歐政黨名人奈傑．法拉吉（Nigel Farage）在接受福斯新聞訪問時所抱怨的，「難不成現在我們的孩子都是國家的了？」（原注24）不過從法律的角度來看，從十九世紀開始，大多數西方國家的父母就不再擁有他們的孩子了。父母是孩子的監護人，他們應該以孩子的最大利益優先——這也是法院裁判這類案件的標準。

鮮少有人提及的是，這種父母與子女的關係其實是條雙向道：如果孩子成年後，年邁的父母無法養活自己，那麼在法律上孩子就有照顧父母的義務，只不過就算是貧困的父母也很少要求執行這些「孝順法條」（filial support law）。話說回來，現況將有所改變，美國不少養老院已經開始代表年邁體衰的父母控告子女，索討安養費。二〇一二年，一家位於賓州的養老院成功控告一位老婦人的兒子，得償九萬兩千美元支付她的照護費用，而這類案子正在逐漸增加。（原注25）隨著戰後嬰兒潮世代邁入老年，人類又展現出前所未見的長壽，長照嚴重不足，因此國家會設法從孩子身上收回那些照護成本。

有些國家的父母會把孩子送走，有時候其實就是賣了自己的孩子。在印度，儘管法律廢止嫁妝制度已四十年，許多新郎家還是希望親家先付錢再嫁女兒。

對於只有女兒的窮苦人家來說，這意味著經濟災難。嫁妝爭議常常演變成暴力事件，很多時候妻子會因為丈夫想要壓榨更多錢而受到虐待，或者就這麼被殺害，如此一來鰥夫就可以再婚，取得另一份嫁妝。印度政府甚至統計過這類案件，並發表官方統計數字。印度刑法典（the Indian Penal Code）第三〇四條第二款就定義了嫁妝謀殺[13]，而在二〇一二至一五年間，登記在案的嫁妝謀殺案高達兩萬四千多起。（原注26）即使是倖存者也常常因為硫酸攻擊而終生帶著傷疤度日。這種經濟誘因也造成不少印度女孩被販賣而過著悲慘的生活。

另一種父母所有權的卑劣濫用是把兒女推入火坑，尤以女兒為大宗。這類案件在諸如泰國鄉間等較貧困地區仍相當盛行，讓女兒在惡名昭彰的曼谷妓院工作賺錢養活全家人，是當地人司空見慣的事。沒有人會認為這是一種體面的謀生方式，然而在他們的處境下，窮困以絕對優勢輾壓道德判斷。仲介會到鄉間獵物，以「休閒或娛樂產業」的工作機會承諾給予貧困家庭現金借貸。

在我們以自己的標準評斷這些家庭之前，應該回想一下十九世紀歐洲的工業革命，有很大部分是依靠童工在惡劣環境下工作才撐起來的。在艱困的年代，

13.譯按：根據該項條文，若女子在婚後七年間死亡，死因是燒傷、身體傷害或其他非正常原因，且有跡象顯示她受到丈夫或夫家親人殘酷對待或折磨的原因與索取嫁妝有關，這樣的死亡被稱為「嫁妝謀殺」，犯行者會被處以七年以上監禁，可視罪行嚴重程度延長至無期徒刑。

孩童是收入來源之一。只要讀過狄更斯作品的人，對這樣的境況應該都不陌生。一六四六年的新英格蘭甚至頒布了一條「不乖的兒子」（stubborn son）法律，在孩子不聽話的時候，賦予父母終結孩子生命的權利。（原注27）在現代社會的照護體系建立前，孩子是一項投資，家人會期待男孩出去賺錢，而當父母與祖父母需要人照顧時，做女兒的往往就必須扛起責任。一直到現代，在富裕的西方社會中，照護的重擔才從個人肩頭轉移到國家健保體系。這種社會支持體系是例外而非常態。這也是為什麼在許多發展中國家，人們會把孩童視為重要的資源，甚且把他們當作商品般交易。

在出生率已經開始下滑的國家，人們對於子女的依賴可能會隨著所謂的人口定時炸彈（demographic time bomb）[14]而變得益發明顯。人口老化使得老年人依賴年輕人照顧的需求愈來愈高。人口老化也代表政府要支出更高的成本、退休金的短缺、社會福利基金減少、照顧超高齡者的人力不足，以及最終導致經濟成長趨緩。這樣的不景氣會造成經濟衰退的循環，而當經濟萎縮時，孩子就生得更少，問題進一步惡化。

14.編按：形容生育率和經濟成長率雙低的現象。

人口正在減少的世俗化社會愈來愈多，而嬰兒出生數量下降更是讓他們格外憂心。與此相反，宗教化的社會出生率是人口替代率（population replacement rate）[15]的兩到三倍。（原注28）這種差異也解釋了為什麼人口定時炸彈對西方國家的影響特別不利，因為出生率降低、平均壽命增加與社會照護成本飆升等造成經濟災難的因素，西方國家一項都不缺。我們習慣來自於政府的社會支持，這就是為什麼許多政治右傾的人都認為政府做得太多了，國家必須把照顧家庭的責任還給家庭成員——換言之，自己門前的雪得由自己來掃。

政治上的所有權心理

身為蘇格蘭麥克法蘭（MacFarlane）氏族的後代，當我發現家族的座右銘是「誓死護之」（This I'll defend.）時，覺得實在太有趣了。我不確定老祖宗們誓言守護的是什麼，但推測大概就是那些他們堅信屬於自己的土地。當前全球各地的政治動盪與衝突，在很多層面上其實也反映出這種恐懼失去的情緒。今日多數人

15.編按：指為了維持人口規模不變所需的生育率。

都有強烈的被威脅感，不論是爭奪資源或生活主控權。就拿最極端的例子來說，自殺式恐怖主義常常與被剝奪感有關，因為他們的領土遭人非法奪走。美國政治學家羅伯特．帕沛（Robert Pape）研究一九八〇至二〇〇一年間，從斯里蘭卡到中東各地的自殺攻擊事件，最終得到的結論是，這些自殺攻擊行為背後絕大部分的目的，都是想要逼迫外國勢力從他們認定是屬於自己的土地上撤兵。（原注29）

近來蔓延歐美民主國家的政治混亂，也是源於面臨外來威脅時的國家認同與所有權之爭。不論是英國脫歐的口號「奪回主控權」，還是川普的「美國第一」，都是感受到兵臨城下時赤裸展現的民族主義。這些宣傳語言全都跟所有權脫不了關係：我的國家、我的工作、我的生活方式。

為什麼美國的川普與義大利極右派領袖薩爾維尼（Matteo Salvini）這類民粹主義者會竄起？為什麼我們沒能更早察覺這股浪潮來襲？回想起來，川普這樣的人竟然能夠勝選實在讓人跌破眼鏡。怎麼會有人想要投票給一個仇外、厭女、極具爭議性、毫無政治經驗、不知正直為何物、堅信陰謀論，並且在推特上與任何批評者互槓的人？川普一點都不像傳統政治人物，他自稱就像一般人。他與鼎鼎有名的義大利獨裁者墨索里尼的相似度，絕對不只是外型。（原注30）他們兩人都代表政治鐘擺往極端保守擺動，以及在許多西方民主社會已然興起的民粹運動。根據二〇一八年英國國家廣播公司的報導，近年來極端保守政黨在歐洲各國的選舉中攻城掠地，績效卓著。（原注31）若透過所有權的放大鏡檢視這些政治變動，我們可以看到非常有趣的解釋。

大家對於川普能夠掌權的一個普遍假設，是其核心選民所經歷的經濟困境。支持川普力道最強勁的美國中西部鐵鏽帶（the Midwest Rust Belt）[16]，經濟失衡的問題確實益發嚴重，因為傳統工業受到科技創新以及更廉價的進口貨物競爭而荒廢。過去幾十年間，日益深化的國際化刺激了這些經濟改變。諷刺的是，投票給這位來自美國社會最頂端的富裕階級，且享受以便宜勞工為代價的所有國際化好處的大富豪的選民，正是最困頓失措的人。

從經濟的觀點來看，在弱勢群體間引發經濟不安與社會剝奪感，煽動了大眾對於執政當局的憎惡，不想讓自己受其宰制。誠然，川普的許多支持者來自這些階層，然而僅是經濟問題並無法解釋為什麼民粹主義也在歐洲各地蓬勃發展，亦

16.譯按：鐵鏽帶是一個非正式的名稱，泛指一九八〇年左右開始經歷工業蕭條的美國西北部地區，一般主要指美國中西部以及五大湖區，但也有不同意見。

無法解釋為什麼會是在較年長的男性、教育程度較低以及宗教信仰較虔誠的族群中更受歡迎。

其實對於這個現象的解釋，可以濃縮為「恐懼」兩個字。大多數人都不是威權主義者，卻很容易成為威權主義者。造成威權主義的其中一個原因，是對未來的不確定感，這種感覺會讓人更傾向於服從與接受極保守的威權訴求。心理學家凱倫・史坦納（Karen Stenner）與強納森・海德特（Jonathan Haidt）針對當前的政治環境進行分析後，指出歐美成年人當中有三分之一傾向威權主義，儘管有百分之三十七為非威權主義者，百分之二十九保持中立。（原注32）當我們感覺自己受到威脅或道德價值遭到侵害時，我們就會關起心門，選擇依靠權勢。舉例來說，九一一恐怖攻擊後，調查發現原本就比較偏向威權主義的美國人，對於公民自由的態度並未改變；但原本更傾向自由主義的人卻因為感受到威脅，而愈來愈支持採取更具侵略性與更嚴厲的政策；（原注33）然後本來的騎牆派就這樣輕易被推向了保守的右派。

有人聲稱這種回應威脅而產生的改變，正是大多數崇尚自由的德國人當時會支持納粹的主因，也是他們面對一次大戰後經濟困境的強烈反彈。（原注34）會有這樣的反應，是因為不確定性與未知向來都不好處理。橫跨人類與非人類的廣泛研究，全都證明不確定性會造成心理與生理的雙重壓力。這種不確定感會引發所謂的「戰或逃」反應，這是一種漸進式的行動準備，若無法解決問題就會產生慢性焦慮。在不確定的時刻，我們會從自信果決的領袖身上尋找安心，以彌補自己的脆弱。這解釋了為什麼有人會支持像川普這種人的行為。在不安的氛圍下，「頻頻出錯，但從不猶豫」被視為一種美德。這個假設獲得一項時間橫跨二十年、包含六十九國十四萬選民參與其中的研究所支持，結果顯示經歷嚴重經濟困頓的選民會投票給民粹候選人的條件，就是這些候選人表現出強烈的掌控感。（原注35）然而經濟問題依然無法解釋為什麼川普也得到了富有白人男性的支持，因為對這群人而言，經濟不好對他們來說根本無關痛癢。

政治學家隆納·英格哈特（Ronald Inglehart）認為除了經濟失衡的問題，我們還見證了對一九七〇年代開始的後物質主義（post-materialism）[17]的反動。（原注36）人類歷史的大多時候都充滿衝突與動盪，在這種時候人們的行事會更加謹慎與節

17.譯按：一九七七年隆納·英格哈特在其著作《寧靜革命》（*Silent Revolution*）中提出的理論，探討戰後世代經歷的富裕環境，在物質安全後，開始把重心放在非物質目標，如自我表現、自主性、言論自由、性別平等以及環境等議題。

制。二次世界大戰後，工業化國家，特別是美國，經歷了很長一段時間的經濟榮景；這段時期被稱為資本主義的黃金年代，始於一九四五年，終至一九七〇年代初的經濟蕭條。當川普高談「讓美國再次偉大」，指的就是回到這段繁盛期。那時候的工作人口大多出生於一九二五到四五年間，也被稱為沉默世代，因為他們經歷過戰時的嚴峻以及戰後核武的威脅，所以他們比上一代要謹慎得多。

身為這段期間主要的薪水階層，沉默世代透過財務規畫，把金錢投資在穩定生活的資產及必需品。不過他們的子孫可不這麼想。一九六〇年代，沉默世代的下一代開始反抗父母的價值觀。這些當時只是十幾、二十歲的戰後嬰兒潮世代，就是反傳統文化的代表。他們當中有許多人成為活躍的政治運動份子，反權威、反制約。結果就是世代交替，活過了不確定年代的人退居幕後，由生長在安全環境下的新世代接手。這就是所謂後物質主義運動，他們相對比較不那麼物質化、不那麼順從、不那麼威權，但更世俗、更多性取向，以及更重視人權、平等與自我表現。一九六〇年代的反傳統份子嘲弄舊體制，但最終這些狂熱的行動主義遭受經濟蕭條攻擊後也逐漸趨於平淡。英格哈特認為在這段明顯不振的期間，老一輩正在醞釀一場「寧靜革命」的反撲，因為在他們眼中年輕世代的改變是對傳統物質主義價值觀的威脅。

根據史坦納與海德特的論點，對沉默世代而言，物換星移的速度實在太快，而「此刻西方的自由民主已經超出許多人的容忍範圍」。(原注37)看在這個世代的眼中，進步改革被視為道德淪喪。更有甚者，一如序言中所提，衰落論（亦即透過懷舊及對未來的恐懼從而更偏好過去）在老一輩間更為普遍。舉例而言，市場研究公司 YouGov 指出，在他們於二〇一二年針對英國公民所做的市調中，大多數受訪者都認為自女王伊莉莎白二世於一九五三年加冕後，英國的狀況每下愈況，而贊成這種負面看法的人又以六十歲以上的比例最高。(原注38)不過當詢問一般人的生活品質是否有所改善時，受訪者又都壓倒性表示同意。大家客觀地承認有更好的健保、更好的教育，以及更好的生活品質，但這些認知並無法轉換成一顆認為一切都變得更好的感恩之心。二〇一六年第二次調查時，問及這個世界是否變得更好時，只有百分之十一的人認為未來會更好，百分之五十八的受訪者則說世界愈來愈糟。(原注39)不例外的是，受訪者年紀愈長，答案就愈悲觀。套句專欄作家法蘭克林・亞當斯（Franklin P. Addams）的話，「美好的過去源於糟糕的記憶。」

這樣的寧靜革命可以解釋年長者為什麼會投票給民粹政客。根據英格哈特與其同僚琵琶・諾里斯（Pippa Norris）對於政治版圖變化所做的分析，他們發現經濟問題並不足以解釋三十一個歐洲國家兩百六十八個政黨的支持者傾向。（原注40）相反的，更多證據證明對於後物質主義與社會價值改變的文化反彈，引發了下列情勢：

> 我們相信這群人覺得他們在自己國家已經成為主流價值的陌路人，被他們不認同的文化改變所帶來的浪潮給遺忘。年紀較長又抱持傳統價值的白人男性（他們在一九五〇與六〇年代曾是西方社會的文化主流）看到自己的優勢與特權遭到腐蝕。一九七〇年代的寧靜革命顯然播下了反革命的憤怒種子。（原注41）

如果民粹主義反映的是大家對於大企業、金融界、跨國組織、媒體、政府、學術菁英、科學專家以及享有特權的富豪們深層的憤怒，那麼諷刺的是，這串清單大都呼應了後物質主義運動的反體制態度。不過當我們從所有權的角度思考這些事情時，類似的不滿情緒就有了更合理的解釋。每一個世代都想從下一代手中奪回他們覺得最珍貴卻似乎被糟蹋的價值。

你可以擁有想法嗎？

我們通常認為財產是有形的東西，但非物質的財產也逐漸受到重視。隨著數位科技在過去二十年間快速擴張到人們的日常生活，消費者益發領悟到創作以及擁有可以產出歌曲、圖像與故事這些原創構想的資料並非難事。這些資料以前都得儲存在黑膠唱片、膠捲軟片或紙張這類實體媒介上，但現在則以零和一的數位碼形式儲存在載體或雲端上。過去盜版盜得是實體的東西，現在簡單的電腦檔案下載或複製就可以竊取別人的智慧財產。

數百年來，智慧財產向來都是法律保護與爭執的議題。歷史記載的第一起著作權侵權案件，可以追溯至西元六世紀愛爾蘭傳教士聖高隆（St. Columba），他繕寫了一本屬於聖斐尼（St. Finnian）所有的宗教著作，聖斐尼要求聖高隆交出繕寫本。聖斐尼提出請願，獲得迪亞邁特王（King Diarmait）的支持，他判決說：「母牛生的每頭小牛都屬於這頭母牛，每本書的繕本都歸於原書。」不過聖高隆可不服氣，他主張沒有人可以擁有上帝之語。在歐尼爾家族（O'Neill）[18]的支持下，小糾紛變成大爭端，最後導致西元五六〇年的庫爾追姆漢恩戰爭（the battle of Cúl Dreimhne，又稱為「書之戰」）[19]，造成三千人喪命。

時至今日，智慧財產的爭議雖然沒有過去那樣血腥，卻變得更普遍。二〇一七年，美國專利商標局核准了三十四萬七千六百四十二件專利案，最主要的目的就是保護智慧財產。我們不僅承認智慧財產的法定所有權，也鄙視那些剽竊他人構想的人。儘管智財權官司通常跟錢脫不了關係，但對許多原告來說，這也是攸關自尊與原則的事。就以DNA結構這個史上最偉大的科學發現為例，劍橋大學、倫敦國王學院與加州理工學院的科學家們，都想成為第一支發現雙螺旋分子結構的團隊。他們不但沒有攜手合作，反而以衝突且令人質疑的專業行徑主張第

18.譯按：愛爾蘭顯赫的塞爾特（Gael）家族。

19.譯按：發生於六世紀的愛爾蘭西北部，這場戰爭之所以受到重視，是因為它很可能是世上最早因著作權而起的爭端。

一的頭銜。[20]科學家對於誰可以主張發現權這件事是出了名的神經質，就算跟獎金無關也一樣。他們痛恨那些把他人成績拿來當成自己功勞的人，因此剽竊對他們來說可謂卑劣無恥。

就算是小孩子，到了六歲左右也可以憑藉本能瞭解到智慧財產的基本原理，因為他們一般都不太喜歡「學人精」。（原注42）相較於那些抄襲別人畫作的人，他們比較喜歡畫出自己圖像的人，也覺得原創優於仿效。在一項研究中，研究人員要求一群六歲兒童評估一批畫作的價值，有些畫是個人創作，有些則只是描摹。結果不論畫者是誰，孩子們都偏好那些具原創概念的畫作。而且對於沒有實際產出結果的東西，他們也懂得財產的觀念。（原注43）在情境題中：史蒂芬聽到柴克討論一道數學習題，他把答案告訴柴克——孩子們會說史蒂芬才是解題的人。然後提姆不小心聽到史蒂芬告訴柴克答案，於是跑去告訴其他同學——這群六歲的受測者都會覺得提姆偷了史蒂芬的點子。同樣的，如果一個小朋友想出一個故事，他們會認為其他人就不能改變故事。（原注44）

即使我們從小就有所有權的概念，但其實真的沒有所謂原創的想法這回事。

20. 譯按：劍橋大學的華生（James Watson）與克里克（Francis Crick），以及劍橋國王學院的法蘭克林（Rosalind Franklin）與威爾金斯（Maurice Wilkins）都是DNA的研究者。法蘭克林與威爾金斯雖在同一小組，但相處並不融洽。DNA研究最重要的突破是法蘭克林與學生所拍攝DNA晶體的X射線衍射照片，結果威爾金斯在未告的情況下拿給華生與克里克看，才讓他們後來的研究得以完備。一九六二年華生、克里克與威爾金斯因DNA結構獲得諾貝爾獎。加州理工學院的保林（Linus Pauling）也是當時DNA的研究者。

你試試想一個原創的想法出來。這在邏輯上就不太可能，因為所有想法都是奠基於之前聽到或學到的其他想法。就像在你居住的這塊土地上，之前必定還有其他人居住過。但無論如何，所謂智慧財產權就是必須證明你的想法與任何先前存在的想法有足夠的差異性，不過所謂差異性也只是主觀的判斷，而先前的想法也必須經過這樣的檢驗，確定是否為原創。

想像的虛構事物也可以是財產。電玩遊戲的市場規模不僅高達約一千六百五十億美元，還有人願意掏出令人咋舌的金額收購虛擬財產。目前最高紀錄是一個位於虛擬宇宙中的虛擬小行星上的「不死俱樂部」（Club Neverdie），二〇一〇年交易價格為六十三萬五千美元。在你開口問哪個腦子正常的人會花這麼多錢買一個根本不存在於現實當中的東西時，最好先明白這個俱樂部透過購買虛擬貨品與服務的玩家，平均每年為它的所有人瓊恩．雅各布斯（Jon Jacobs）賺進二十萬美元。根據富比士雜誌的報導，雅各布斯把自己真實生活中的房子拿去抵押，在二〇〇五以十萬美金的價格買下這個虛擬的小行星。（原注45）

那麼數位財產呢？如果有人在街上拍下你的照片，是否就擁有你的影像？

這個問題就像買賣人體器官一樣，要看你在哪個地方做這件事。在許多國家，於公眾場所攝影是可被接受的行為，但在有些國家則必須先取得攝影對象的同意。你可以看著其他人，但不可以把這樣的視覺經驗記錄在影像中。

最值得深思（對許多人來說也可能是最擔心）的是個人資料所有權的問題。二〇一四年，臉書因為針對七十萬名不知情的使用者進行實驗而備受批評。他們刻意操縱提供給使用者的新聞，有些內容較令人開心，有些則較負面。(原注46)當他們減少提供正面新聞時，使用者貼出的正面意見減少，負面意見則增加；當負面新聞降低時，情況則剛好相反。儘管實驗的影響有限，但研究人員認為以臉書的規模來看，這樣的操作每天將影響高達十萬、百萬或甚至更多人。

眾人關切的焦點，其實是自己的選擇竟由他人偷偷操控。二〇一六年，五千萬臉書用戶的個資遭劍橋分析（Cambridge Analytica）這家資料公司竊取，並用來影響英國脫歐投票以及川普的選情；至少人們是這麼說的。(原注47)在這些案例中，珍貴的個資可以被用來擬定針對性的行銷策略，而且大家也都相信這些策略可以透過操控「心理變數」來影響選情。不論媒體對於劍橋分析以及心理變數等相關事件如何窮追猛打，但人的選擇可以輕易被操控這件事情並沒有太多科學佐證。這與閾下刺激（subliminal message）的說法很類似，根據潛意識的相關理論，觀眾會因為電影中置入了爆米花與汽水的短暫影像而不自知的購買更多的爆米花和汽水，（原注48）但並沒有合理的證據可以證明消費者或選民的選擇會因為這類詭計而搖擺。（原注49）

廣告影響並不會惹來眾怒（因為多數人看廣告時都心知肚明），但個人資料未經同意就遭利用確實會讓我們忿忿不平，因為那侵害了我們的所有權。但事實上，早在多年前我們就已經放棄了這種所有權。提供「免費」服務的網路平臺，就是利用我們所提供的個資牟利，但我們心甘情願同意被對方利用。當你上網註冊使用某個網路服務或用手機下載某款應用程式時，藏在「使用條款」裡的某項規定，極有可能就是你需要同意一連串的聲明才能使用這個服務，而這些聲明就允許了服務提供者可以收集、處理與儲存你的個資。資料如何使用必須說清楚，但鮮少有人有時間、興趣或足夠的法律知識去破解累牘連篇的法律術語——於是我們就點選了那個接受所有條款的小格子。提供服務的公司可以使用這些資料，也可以將資料轉賣給其他分析人類行為的機構。這類資料極具價值，可供使用者瞭解制定商業策略的模式或趨勢。過去這類市場研究非常昂貴，而且規模有限，因為需要依靠人力進行採樣與調查；但有了數位科技後，市場研究就簡單多了，美中不足的反而是資料數量實在多到令人有些吃不消。這也是為什麼數位公司即使不收取服務費，卻依然如此有價值。如果服務免費，那麼你和你的個人資料就是他們的產品。

每次使用手機時，我們做了什麼、去了哪裡、跟誰說話，都會留下軌跡。雖然政府制定了一些保護個資的法令，然而若我們勾選了同意，這些公司的行為就完全合法。事實上，很多人根本不太在乎這些事情，至少在我們知道這些公司在做的事叫做資料探勘（data mining）[21]之前。近來藉由移除或刪除的方式收回個資所有權變成一項法定權利，如此一來我們可以在網路上「隱形」，但這麼做除了麻煩外，還會失去網路平臺提供的便利性與好處——身處數位世代，這是我們要支付的代價。

21. 編按：以人工智慧、機器學習、統計學和資料庫的交叉分析法在大型資料庫中尋找模式的演算過程。

只不過是一個概念

本書以身體、價值、想法與個資作為開場，是因為這些資產都是非常個人的，而且一眼即知是屬於個人所擁有。但所有權其實是一種慣例，會隨著時間與文化的差異而改變。所有權的爭議或許可以透過數千年前建立起來的規範與道德制度解決，然而更多時候我們還需要專業法律的協助，因為爭議問題可以用各種不同的方式加以解讀。隨著時代與社會變遷，所有權的相關法令也需要持續修訂、與時俱進。英國道德哲學家邊沁（Jeremy Bentham）曾指出，證明所有權的問題在於，「沒有任何圖像、畫作或明顯的特徵可以呈現出所有權的構成關係。這種關係不具實體化，屬於形而上的範疇；它不過是心智的一個概念。」（原注50）換言之，所有權並不存在於自然界，只是人類心智所構建出來的東西，因此所有權是一種概念和想法，不過卻是一種非常強有力的想法。它幾乎掌控了我們日常生活的每個面向：哪些是我們可以主張的權利、哪些財產是我們可以處置的，以及哪裡是我們可以去的地方。沒有所有權，我們的生活將變得混亂失序、缺乏組織，這就是為什麼所有權是法律體系的核心，也是多數人都會遵循的行為規範基礎。如果我們漠視或不承認所有權的存在，我們的行為就會變得反社會化，甚至有違法之虞。

所有權不僅藉由規範與立法形塑社會，也控制著我們的心理。法定所有權是一項社會產物，因此所有權所賦予的一切權利都要有法律的明白定義與保障。但所有權的重要性遠超過法律權利。我們汲汲營營追求著自己其實並不需要的東西，內心深處彷彿有一股情感力量驅使我們要去擁有。這就是心理上的所有權，一種透過擁有所產生的滿足感，不一定和法定權利有關。我們可以在法律上擁有某樣東西，卻對它毫不在乎；相反的，我們也會在乎法律上不屬於自己、卻讓人覺得心有所屬的東西。這純粹是一種心理狀態。

約翰．皮爾斯（Jon Pierce）及其同僚透過描述一種工作場合常見的現象，說明所有權心理如何輕易被啟動。（原注51）礦場雇用的卡車司機通常不覺得他們駕駛的卡車屬於他們自己的，但在公司公布了新政策，每位司機有一部專屬的卡車之後，他們會開始把自己開的車稱為「我的」車，而且會去清理車子、注意維修保養。有位司機甚至給自己的車取了名字，還自費把名字漆在車門上。他覺得這輛車就是他的。同樣的，賽車手其實並不擁有他們所駕駛的車隊跑車，但他們依然會對專屬於自己的那部車產生深刻的擁有感。

所有事情都可以和所有權扯上關係。想一想，有多少東西是你不具備法定所有權，卻覺得應該屬於自己的。若你長期租用一部車，嚴格來說你並不擁有它（車子是租賃公司的財產），但你很容易就會把它視為個人資產，會多花心思照顧它。同樣的情況也發生在貸款購買的房產，在清償所有貸款前，法律層面上它並不真正屬於你，但你依然把它視為「你的」。許多人也會覺得租屋處是自己的，特別是住了很久的房子，這也是為什麼即使住戶並非房子所有權人，但土地開發商要他們遷離時往往困難重重。或許你認為這些都是技術性問題，因為若是貸款問題，未來終究會完全擁有。然而這樣的說法並未考量到我們對自己擁有的東西所產生的深層心理連結。未能償付貸款而被債權人收回的財產，不僅代表經濟失敗，也會貶低自我感覺。

要瞭解箇中原因，我們需要探索所有權的心理，一種強烈的心理驅力。對我們許多人而言，生活就是不斷地追求擁有。這種衝動從何而來？下一章，我們會從生物學的角度思考這個問題。

第二章

不是人類的，但只有人才能擁有

先占取得的優勢

兩名橫越非洲塞倫蓋提（Serengeti）國家公園的長跑者，在中途休息時決定脫下鞋子。就在那個當下，他們發現自己被一頭凶猛的獅子給盯上了，而且牠已經開始朝他們衝過來。其中一位跑者飛快穿上鞋子，另一位跑者驚慌地說：「根本不可能跑贏獅子，牠跑得比人類快多了。」他的同伴回答說：「我不必跑贏獅子，只要跑得比你快就行了！」這則老掉牙的笑話完全呈現了自然淘汰的精髓，演化讓地球生命有了多樣性，但說穿了就是一場生存與繁衍的競爭。生存之戰不僅要對抗自然力量，也要對抗競爭者。你必須贏得過對手。

人類天生就具有競爭性。一八九八年心理學家諾曼．崔普萊特（Norman Triplett）注意到，自行車手透過同儕競爭的表現要優於和時間賽跑。他測量孩童收捲釣魚線的速度，被公認是第一個社會心理的實驗；在這個實驗中，孩子要麼獨自收線，要麼與另一個孩子比賽誰收得快。（原注1）結果就跟運動員一樣，孩子在互相競爭的環境下表現得更好。崔普萊特稱之為「競爭本能」（competitive instinct），也是動物界處處可見的行為。最明顯的競爭出現在動物獵食的時候，所以你以後看到孩子在餐桌上狼吞虎嚥，別再罵他們跟動物沒兩樣。如果有很多張嘴嗷嗷待哺，各種動物，從犰狳到斑馬，誰都不會客氣的。

在文明社會中，儘管我們極少因為爭奪食物而戰，卻也不斷與他人比較。與自己的親戚、朋友或同僚比來比去的感覺，相信很多人都不陌生。一項針對五千名英國成人進行的研究顯示，不論一個人的薪水有多少，若他認為其他做相同工作的同事賺得比自己多，他對自己的薪資就會更不滿意。（原注2）這個問題的癥結在於我們的感覺向來都不太正確。一項針對七萬一千名受雇者進行的研究顯示，有近三分之二的人相信自己的薪水太低，儘管他們的薪資其實都符合市場行情；認為自己拿太多的人只有百分之六。（原注3）至於那些薪水確實高於市場行情的人，只有五分之一覺得自己的薪水太高，三分之一的人還覺得自己應該拿更高。我們不僅愛比較，還覺得自己的價值被低估了，別人都過得比我們好。

一個最明顯的比較方式，是看看什麼人有什麼。想要擁有更多東西的渴望，往往來自於我們與我們認定的對手之間在擁有物上的差異。一如美國諷刺作家麥肯（H. L. Mencken）曾經說過的玩笑話，所謂的財富就是比你老婆妹妹的丈夫多賺一百塊。（原注4）這話說得很酸，但研究顯示手足間的競爭確實存在。丈夫賺的錢比姊夫或妹夫少的女人，出外工作的機率更高，因為她們想賺更多錢，讓家裡的收入比姊妹家多一些。（原注5）

所有權顯然具有競爭性，不過解釋這種狀況的起源卻有兩派不同意見。從演化角度思考的人，認為所有權是一種競爭本性的遺傳，當某個人擁有接觸重要資源的唯一管道時，他在生存與繁衍的競賽中就取得了優勢。「占有」也許很簡單，但管道很重要。另一派意見認為，所有權與占有不同，差異在於前者是文明的產物，只有在群體安定並發展出政治與法律體系後才會出現，也因此競爭主要是社會性的行為。對人類而言，這兩種思維都有相當程度的正確性，而且都可以被視為是生存策略。然而，在稍後的論述中，你會發現占有的現象在動物界很普遍，而所有權是人類社會所獨有。

占有的英文（possession）源於拉丁文的*possidere*，字面意思是「坐在其上或將自己的重量或腳放在上面」。當狗兒把爪子放在人身上，我們通常將之詮釋為展露愛意，但其實那是一種支配的表現。牠們身上的狼族基因讓牠們還是會表現出階級姿態。而占有讓人擁有掌控權和競爭優勢，所以重點在於取得和維持這樣的掌控權。由於直接的肢體衝突可能帶來昂貴的代價，為了降低成本與避免對立，於是發展出特定的行為策略。

其中一個策略稱為「先占取得法則」（first possession rule），讓人享有捍衛資源的優勢。亦可稱之為「優先權」（first dibs）原則。一般認為這樣的權利是固有的，因為就算是腦袋最簡單的動物，無需學習就會本能地運用這項原則。不同於動腦或費力的策略，先占原則與參與競爭者的智力或體力較無關（不過速度最快、身體最強壯及腦袋最聰明的競爭者，確實最有可能取得先占），對比較沒有那麼得天獨厚的競爭者來說，不失為一種避免衝突的好方法。首先，占有者會更願意捍衛自己資產。許多物種都尊重這種先占權，就算先占者比較瘦弱且可以輕易被打敗。蟋蟀在先占後會對抗即使身型更大的對手，而體型占優勢的對手往往會放過先占者。（原注6）

綜觀動物界，服從先占法則的情況比比皆是。以蝴蝶為例，公蝶具侵略性，會爭奪可以吸引母蝶的向陽地點。牠們對自己先發現的資源會誓死護衛，但若晚人一步也甘願服從。不過要讓先占權站穩腳步，雙方必須都知道什麼時候該打死不退，什麼時候該恭敬退讓。不懂護衛自己勢力範圍的動物很容易就會被趕走，而具侵略性的競爭者則會用盡氣力搶奪。知道何時應該退讓、何時應該堅守陣地，需要一些明顯的判斷標準。如果判準模糊不清，競爭雙方可能都認為自己有權主張先占而交戰，這也是為什麼若兩隻斑木蝶同時停在同一個地點，交戰時間要拉長到十倍，因為牠們都認為自己是先到的那一個。（原注7）

先占優勢也是各種法律體制的基本原則之一。（原注8）這個原則在決定法定所有權時也是很重要的一個因素，從中衍生出那句著名的八字箴言：「現實占有，敗一勝九。」[1]這個原則雖然並非放諸四海皆準，卻也體現出一個具體的法律實踐，那就是實際上的擁有者會被假定為該物的合法所有人，而舉證責任將落在反對者身上。

1. 編按：possession is nine-tenths of the law，意指占有某物者在訴訟上常占上風。

從以物易物到財富累積

很多動物都會占有食物、勢力範圍與交配對象，但人類有項獨一無二的技能，我們會製造出自己的東西，珍而視之並傳給自己的親人。這些實體財產的移轉需要所有權的概念，因為任何人都不可以拿走或送出不屬於自己的東西。

我們在成為智人之前就開始製造東西。在肯亞所發現的人類最早期工具（石鎚、石砧、石刀），（原注9）時間可以回溯到三百三十萬年前，遠早於三十萬年前才出現的現代人種。人類並不是唯一會製造工具的動物，卻是唯一會保存工具的。河狸可能是唯一例外，牠們會隨身帶著一顆小石頭用來敲開貝類。（原注10）相較之下，人類祖先不但會生產各種工具，還會製作出珍貴且具有情感意義的工藝品。

早期的人類不但會製造東西，還會以物易物。已知至少在四萬年前的上期舊石器時代，人類就已經會利用物品進行交易，因為那個時期製造的東西在距離原產地很遠的地方被發現。地中海沿岸的海貝也出現在數百哩以外的北歐各地。（原注11）最可能的解釋就是旅客交易後留下的。以物易物是人類行為的一個特色，在其他物種間很罕見。這種交易不僅需要溝通協商，還必須具備能製造出相對有價值的製品的能力與生產力。猴子與猿類可以透過學習進行以物易物，但需要長期的訓練，而且就算牠們學會與實驗者交換物品，也不會在同類間彼此交換，甚至若沒有外力強迫，這種行為會自動消失。（原注12）換言之，交易並不是牠們的天性。

我們在研究中觀察過不同類別的猿類做出以物易物的行為。發展心理學家派翠莎．坎吉瑟（Patricia Kanngießer）的研究顯示，經過交易訓練的黑猩猩、倭黑猩猩、大猩猩以及紅毛猩猩，在拿到食物後都傾向據為己有，不願意再跟研究人員交換。（原注13）握在手裡的食物要比等著交換的東西有價值多了。想要引誘牠們進行交換，必須是更有吸引力的食物才會成功。當然牠們不願意交換並不是覺得會被騙，而是要牠們放棄已經到手的食物真的很難。食物具有莫名的吸引力——一鳥在手確實勝過二鳥在林。除此之外，靈長類動物對工具等其他東西顯少展現出類似的依戀，就算是取得食物所必須的工具也不例外。工具往往就是用過即丟。

人類卻完全不同，我們會積極累積各種東西。整個人類的歷史就是一座財產寶庫，而那些最古老的東西現在就擺在博物館裡展示。我們總是羨慕別人家有什麼。以我為例，我很喜歡欣賞古董，想像自己和遠古先人之間的連結，看看有什麼樣的相似與相異處。上期舊石器時代是史前文物的黃金年代，精細的工藝品數量爆炸性成長，特別是在四萬年前的法國西南部。在此之前，最早發現不用工具就做出來的東西是鷹爪製成的珠寶，時間可以回溯約十三萬年前，就戴在現代人的表親尼安德塔人的脖子上。（原注14）有些動物確實會創作出美麗的東西，譬如日本河豚會用魚鰭在海底繪製沙雕、澳洲園丁鳥會精心構築小涼亭，但是這些短暫的展示品的唯一目的就只在吸引異性。就像牠們眼中的工具一樣，一旦目的達成就被拋諸腦後了。

相對的，早期人類的壁畫以及製作的雕像必定都具有特殊的象徵性意義，更重要的是，那些作品都是為了要繼續保存。早期人類製作的工藝品都帶有世代流傳的意味。不論是遠古人類還是尼安德塔人，都會將工藝品與死去的人一起埋葬，而這些工藝品有時得花上好幾百個小時才製成，因此僅就投入的勞力來看，它們都是有價之物。這些東西不但沒有被丟棄，反而被視為儀式的一環。我們只

能猜測陪葬物的理由，不過合理推斷當時的人類應該是相信人死後有來世。（原注15）

人類累積財富的目的大概不外乎交換食物、領地、服務或性。其實用禮物吸引異性並非人類專屬的行為，動物也會行賄。包括蒼蠅、蜘蛛與蟋蟀在內的許多雄性昆蟲，都會將食物打包送給有可能交配的雌性。公的黑猩猩會把肉送給母猩猩以提高交配的機會，只不過這樣的賄絡可能要持續相當一段時間。（原注16）而人類是唯一懂得重視財產權的物質主義動物。這樣的財產具有象徵性和美學價值，是自我認同的延伸，我們擁有、保護、珍惜它們，最終傳給別人。我們必須先能理解所有權的概念，才會產生這樣的財產移轉。而遵循所有權的規範才能有穩定的社會，也就是一個立基於財富累積與轉移的社會。

遺產是一種相對價值

末次冰河期之後，人類活動從逐水草而居的狩獵採集生活改變為群體定居的模式，並開始耕作穀物、馴養動物。過渡到農業社會後，人類又開始生產可以儲存或會被竊取的資源。這時候所有權的概念變得很重要。財產的規範在文明社會中被用來作為組織與掌控成員的方法。社會建制後，規則結構代代相傳，帶來了延續與穩定的力量。

在這個過程中，所有權是一個強烈的催化劑。渴望累積財富加速了社會階級的形成，方法則是透過商業與軍事競爭。上層階級變成了統治菁英，擁有控制公民的政治權力。經濟財富創造出一個追求成功的機制，個人不只求生，還可以求好。工匠與知識份子大行其道，因為背後有一套不需他們直接勞動就可維生的運作系統。所有權為人民生活所憑恃的規則提供了正當且永續的理由。

今日大多數的父母都希望自己孩子能夠出人頭地，這樣的期望通常包括了好的教育、好的職業與好的婚姻。這些不但是快樂生活的要素，也是門第源遠流長的要件。做父母的付出資源改善孩子的生活，聽起來像是犧牲，不過從生物學的角度來看，這其實是基因自我複製而代代延續的一種策略。「自私的基因」這個觀點透過達爾文的作品而普及，但在始終相信自己表現是無私的父母耳中聽來依舊刺耳。

就算死了，我們還是可以把自己的優勢傳下去。大多數的人類社會都有繼承的慣例，即使各方之間存在巨大的文化差異。根據二〇一三年滙豐銀行對十五個國家一萬六千人所進行的一份研究顯示，整體而言，百分之六十九的受訪者都計畫要立遺囑，比例最高的是印度（百分之八十六）與墨西哥（百分之八十四）；而只有百分之五十六的美國受訪者與百分之五十七的的加拿大父母打算把遺產留給孩子。（原注17）這樣的差異有很多原因，包括已開發國家有較好的社會安全體系，另一個主要原因則是家庭觀念的不同。相較於集體主義社會的國家，工業化國家的人民更加個人主義傾向，也比較看重短期目標。

人們對於遺產繼承的態度也會隨著經濟環境的變化而改變。英國保誠保險二〇一一年的研究報告顯示，英國約有半數的成年人計畫留遺產給子女；但到了二〇一六年第一季，這個數字砍了半。（原注18）「不留遺產族」（Spending the kids' inheritance，簡寫為SKIing）指的是不打算把錢留給孩子的戰後嬰兒潮世代，而這個現象顯示生物學對於人類行為的預測不見得每次都準確。

對於繼承數字下滑，有個比較慈悲為懷的解釋是，父母為了養家已經鞠躬盡瘁了。千禧世代想要擁有資產只能依靠「父母銀行」的趨勢愈來愈明顯。父母與親人在協助家中年輕成員站穩社會腳步的過程中扮演重要角色，包括給予大筆金錢或貸款協助支付債務、結婚，以及買下第一個房子。英國融資公司法通保險（Legal and General）的一份報告顯示，二〇一七年英國父母借錢給孩子的金額是六十七億英鎊，與前一年相比增加了三成，因此讓父母銀行躍升為十大貸款銀行之一。（原注19）在今日，年輕人能否擠進有房階級與父母是否有房之間的關係，比前一個世代更加緊密。這表示未來情況只會更嚴峻，「有錢」跟「沒錢」的距離會愈拉愈大。不論是在有生之年或死後，多數人還是都會把自己的財產以某種方式留給孩子。

生物學在這種善行上亦軋了一腳。顯然多數父母都會把財產留給孩子，然而有項針對遺產所做的分析卻顯示出一些令人意外的模式。遺產受益人主要是血親與配偶，血緣關係愈近，得到的遺產愈多，這是意料中之事。但並非每個子女都能同沐恩澤，性別與家庭貧富狀況皆有影響。

心理學家羅伯特・崔佛斯（Robert Trivers）以及數學家丹・威拉德（Dan

Willard）在一九七〇年代初提出一個獨創的模型，可以依照環境條件變化來預測繼承的型態。根據他們的假設，日子好過的時候兒子更得厚愛，環境不佳時女兒比較吃香。（原注20）較富裕的家庭留給兒子的錢比女兒多，較沒錢的家庭則情況剛好相反。對此的解釋是，當大環境不佳時，若沒有國家福利支撐，富裕男性的子嗣存活率要比條件差者來得高。富裕男性可以吸引更多潛在伴侶，也更有能力栽培下一代。再者，男性可以繁衍的子嗣數量比女性高，所以較富裕的父母會覺得應該投資在兒子身上，才能得到更多子孫。然而，窮人家的女兒卻比兒子更有生育機會，所以對於較窮困的家庭來說，女兒是比較划算的投資。

研究人員隨機採樣一千份加拿大人的遺囑來檢驗這些預測。首先，分析結果顯示，百分之九十二的遺產受益人都是親屬，只有百分之八是沒有血緣關係的人。（原注21）配偶是最可能的受益人，這很合理，畢竟夫妻在很多議題上都具有相同利益，尤其是針對子女的財產分配問題。而受益人得到的遺產金額反映出基因的關連性，其中約半數的財產是留給兒女，十分之一是給孫輩，而只有百分之一分是給再下一代。

子女得到的遺產要比父母的手足多，至於兒子和女兒獲得的遺產比例則視遺產多寡而定。一如崔佛斯與威拉德的假設，財產最豐厚的人，留給兒子的遺產是女兒的兩倍；但在較拮据的環境下，則情況剛好相反。當然平均分配遺產是最普遍的模式，占了百分之八十二。但仔細估算後，事實上有百分之七的立囑人會偏向女兒，百分之十一則會偏向兒子；偏向兒子的立囑人比均分的立囑人富有，而均分的立囑人又比偏向女兒的人富有。與假設完全一致。這種父母偏心的模式也會顯現在送孩子的禮物價值。二〇一八年一項網購研究顯示，較富有的中國父母在兒子身上花的錢比女兒多；較不富裕的父母則反；小康家庭則對兒女一視同仁。（原注22）

儘管配偶最可能成為遺產受益人，但還是要看夫妻誰先過世。一項時間回溯到一八九〇年的加州遺囑研究顯示，若是丈夫先走，大多會把財產留給妻子；（原注23）但若是妻子先辭世，卻很可能直接把財產留給兒女，不管老伴了。同樣的，這個現象也有很好的生物學解釋。當丈夫行將就木，通常妻子也都過了生育年齡，不太可能再有孩子，所以對丈夫而言，把財產留給孩子的母親是理所當然。但若妻子先撒手人寰，丈夫還是可以和其他女人共組家庭，這也是為什麼母親傾向將財產留給孩子，而非可能出現的壞心繼母。

替孩子未雨綢繆的不只父母。照顧後代也可能對其他親人有利。舉例來說，母親可以完全確定孩子身上流著自己的血，但做父親的可不一定能如此肯定。即使今日，根據美國國家民意研究中心二〇一〇年的社會概況調查顯示，女性外遇的比例約有百分之十五。（原注24）在過去，父親身分不確定的比例一定更高。事實上，某些南美部落仍有「共享子嗣」（partible paternity）的制度，每個孩子都有好幾位父親，這種體制之所以存在是因為他們相信懷孕需要多位男性的精子累積。（原注25）不過孩子出自分娩的母親，是所有社會都肯定的事，因此外祖母也可以肯定自己的血脈在孫兒身上延續（除非孩子出生時就被換走），但外祖父就不敢如此肯定了，因為他可能也不是女兒的生父。祖父母一樣無法肯定自己與孫輩之間的關係，因為他們的兒子可能戴了綠帽子。

這些不同程度的生物關連性與欺騙的可能性，都會影響親屬有多慷慨。平均而言，外祖父母在外孫身上的投資要比祖父母多，而祖父母給外孫的也多於內孫。（原注26）舉例來說，最近一項針對兒女在五歲以下的美國父母所做的研究，研究人員詢問有關孩子的祖父母與外祖父母的慷慨行為，以及協助扶養孩子的問題。由於研究中的許多祖字輩都有再婚的狀況，所以還可以對比親祖輩與繼祖輩的態度。平均而言，親祖輩每年給孫輩六百八十美元，而繼祖長輩一年只掏出幾近於無的五十六塊美金。（原注27）阿姨與舅舅對外甥的投資也比叔伯姑姑多。（原注28）雖然生父不確定的情況在當前社會的機率不高，但這些不同的贈與行為顯示祖字輩在確定孫輩的生父是誰之前的一種演化表現。

你打算冷眼旁觀、置身事外嗎？

「惡人得勝的唯一條件，就是好人袖手旁觀。」

——愛德蒙．柏克（Edmund Burke）

一七五四年，法國哲學家盧梭（Jean-Jacques Rousseau）指出：「那個人率先以籬笆把地圈起來，說『這是我的』，而其他人天真地相信了。那這個人就是文明社會的創始人。」（原注29）這種遵守規則的能力，讓人可以自由擴張行動，因為他們知道自己的所有權會被承認，不會受到挑戰。而道德準則（譬如「不可偷竊」）往往就來自這些實際的行動。當你不再需要時時看顧自己已經占有的東西，你就有餘力去累積更多財富。你可以向外進攻，你明白當你回去的時候，你的家依然存在。

領域行為（territorial behaviour）在動物界是常態，很多物種都會標示、巡邏以及保護自己的「財產」。有形形色色的動物都會築巢並誓死捍衛。寄居蟹會為了被棄用的貝殼而爭鬥。或許最戲劇性的成家專案要屬河狸水壩了：冬天的時候河狸為了保護自己不受掠食者攻擊，並確保在冰凍的河裡或湖中可以維持暢通的捕魚管道，牠們會啃斷樹木，用樹枝蓋出精巧複雜的家。這些小傢伙們利用水的浮力把建材運到定點後，築出一個有水底出入口的結構，而且出入口剛好落在不會結冰的深度。這樣的避難所很安全。如果敵人可以輕易進入，牠們就不會演化出這種築壩行為。如果沒有好好保護棲息地和領地，也會很容易被別人占去。

但只要牠們還占著，那就是牠們的家。（原注30）

但是所有權與占有不同，所有權的運作更複雜，需要運用認知機制來判斷某個東西是否可以被擁有，如果答案是肯定的，所有權就成立，就算所有權人沒有在場。就像你把外套放在戲院的椅子上，然後起身去買冰淇淋，外套還是屬於你的。所有權的概念還涉及想像行動的後果，為可能發生的事預作打算，亦即預期你拿了不屬於自己的東西後會得到的報復與懲罰。

主張所有權必然會有行動的成本代價。在所有權的法律建立以前，每個人都必須為自己的東西而戰。保護自己的所有物不遭人竊取，是一種乙方報復行為[2]，對所有權人是必要的。然而，文明的繁盛不能有持續的內鬥。若要讓所有權制度行得通，就必須有一個能夠保護財產的機制，不論所有權人是弱勢抑或暫時缺席。同時還必須有一個管理系統，讓可能的竊賊打消盜取他人財產的念頭，也就是所謂的第三方懲罰。與乙方懲罰不同的是，第三方的懲罰者並非直接獲益者，而且可能要為他人利益而付出成本。在大型社群中，人與人的所知與接觸有限，這樣的機制更是不可或缺。

2.譯按：甲方為犯事者。

許多物種都會為了自己的財產而起身捍衛，但只有人類有第三方介入的機制。(原注31)曾有觀察指出，黑猩猩與獼猴群中地位最高者會介入他人的戰事，但那樣的行為目的主要是維繫領袖地位，而不是協助同類解決糾紛。就算刻意建立起偷竊食物的第三方懲罰機會，黑猩猩也不會幫助彼此，依然只是護衛自己的食物或報復偷竊食物的同類。

相反的，人類孩童小小年紀就會調停他人的財產紛爭。兩歲的孩子只有在別人想要拿走他的東西時會生氣，如果是別人的東西被拿走，他們不太會吵鬧。但到了三歲，如果有個頑皮的人想拿走其他人的東西時，孩子就會出聲。(原注32)這種第三方執法對所有權至關重要，因為所有權的運作得靠每個人都遵守規定，即使所有權人不在場亦然。對破壞規矩的人視而不見會壞了所有權的價值。若沒有第三方懲罰，社會與群體之間的合作就會崩解，這也是為什麼第三方懲罰是所有權的定義特質。

為什麼孩子從大約三歲開始會表現出對於第三方懲罰的理解呢？有一種說法是，此時的孩子開始發展出他者意識。關鍵在於，這種意識可能與心理學家所謂的「心智理論」（theory of mind）有關，一種在心理上設身處地、理解他人想法與行為的能力。在大腦認知的研究中，心智理論是最多人投入的，因為這種能力對於社會互動以及預測他人行動都極為重要。如果你可以判斷別人會怎麼想，就可以預測他們下一步的行動，或者可以提供錯誤資訊來操縱對方的行為。亦有證據顯示其他物種具備很初階的這種能力，但人類大約從三、四歲開始就會表現出複雜的心智理論。在三、四歲前，嬰兒與幼童能夠意識到別人也擁有心智，只是他們還無法像年紀較大的孩童一樣判讀別人的想法。（原注33）心智理論在三歲左右開始強化，這個年紀的孩子有能力思考別人對於所擁有的東西會怎麼想、怎麼看，以及若失去了他們會有什麼感受，所以他們願意去指責犯規的人。只要我們都能重視他人的感受，社會規範與所有權的規定就更容易推行。

偷竊是一種侵害所有權的行為，孩子很早就瞭解這一點，但成人對竊盜的概念卻有不同解讀。狩獵採集社會的人幾乎沒有個人財產，因為他們經常性遷移，不能有太多家當。他們不認為直接取用他人沒有在使用的東西是偷竊行為，所以他們比較不可能訴諸第三方懲罰。（原注34）但這並不表示他們不理解所有權的概念，只是因為大多數的財產都屬於整個群體，因此這個人沒有在用的東西，另一個人就有權暫時占用。這種狀況叫做「需求共享」（demand-sharing）：如果你有一樣東西，但我需要用，你就得把這樣東西交給我。就算對方要求你同意讓他們使用某樣東西，也不是因為他們承認你的所有權，只是要確認沒有人在使用。所以如果你訪問狩獵採集的部落時把鞋子脫在帳棚外，結果第二天看到別人穿著你的鞋子到處走也無需感到訝異，畢竟是你自己不穿的。

需求共享在經常遷徙的狩獵採集部落中演化成一種策略。透過數學模型，我們可以模擬不同生存策略的有效性。分析顯示，不斷移居尋求糧食來源的需求共享家族，更能在難以預測的環境條件下生存下來，而定居與非共享的家族則會滅絕。（原注35）

今日傳統的狩獵採集社會所剩無幾。我們大多數人都住在固定的地方，周圍也全是人，被陌生人偷竊是一種持續性的風險。所有權的重點在於，即使所有權人不在場，其他人也不可以隨便取用。作為這種社會契約的一份子，我們期待他人保護並尊重我們的財產。但請思考下述情況，並誠實作答：如果你看到一個鬼鬼祟祟的年輕人正拿著一把鉗子試著剪斷一輛自行車上的鏈鎖，你會怎麼做？只要有人經過，他就會停下動作假裝在做其他事情。我猜你大概會在腦子裡飛快估算一下風險效益：也許那是他的車？若是如此，為什麼只要有人看他，他就停下來？也許他是個危險的罪犯？應該要有人阻止他，但我不確定自己想蹚渾水。

當人們目擊一起明顯的竊案時，通常不會選擇正面交鋒。為了證明這一點，攝影師凱西・內斯泰特（Casey Neistat）在二〇一二年製作了一部影片，片中他親自下海扮演自行車大盜，並在紐約各地行竊。這支影片在YouTube上的瀏覽次數已經超過三百萬。（原注36）整個過程看起來就像真的在偷東西，但始終沒有人阻止他，直到他在人潮滿滿的聯合廣場上故技重施時，警察出現了。這種不願捲入麻煩的心態，正是所謂的「旁觀者效應」，也就是只要有旁人在場，人們往往就不會提供協助。在場人數愈多，旁觀者效應就愈高，彷彿責任被分攤掉了。

如果所有權需要依賴第三方來維繫，該如何在旁觀者效應與第三者介入之間取得平衡？人類並不一定都會保護他人的財產。想想家用警報器，裝設目的是假設警報響起時，鄰居、警衛或警察會立刻被召來，然而這樣的結果其實鮮少出現。在英國，除非證實犯罪正在發生，否則警方通常不會回應任何沒有監控的警報。慣竊的口供也顯示，相較於其他安全措施，他們一般都不會把警報器放在眼裡，因為他們知道警察很少會出現。（原注37）

如果三歲孩童看到偷竊行為時都會出面制止，為什麼成人會有旁觀者效應？其實旁觀者效應並非源於冷漠或不關心，而是因為不確定和恐懼。許多情況其實並不明朗，與其莽撞出頭，大多數人寧可慢慢來，先把事情弄清楚再說。如果有人明目張膽剪斷自行車的鎖鏈，我們首先會推論他一定是車子的主人。不論大人或小孩看到一個人拿著一樣東西時，通常都會推論那樣東西是他的，因為從統計學的角度來看，在法治社會中這種情況的可能性最高。或者，如果這個人不怕別人眼光，那麼他可能很危險。為了別人的東西，真的值得你去冒險受傷嗎？別人會為我冒這個險嗎？總之就是不值得。

不過旁觀者效應並非每次都勝出。若一個人目睹財產侵害事件發生時，旁邊並沒有其他人，那麼他往往會更願意出面制止，因為他不用顧慮其他人的想法。這樣的判斷也要視犯罪發生的地點而定。相較於住在鄉間的人，城市居民比較不願意出面干預，可能是意願的問題，也可能是小鎮的犯罪情事比較明確。生活在小社區，鄰里之間彼此都認識，看得出誰是陌生人。此外，較小規模的群體成員也會覺得更有義務與責任照顧群體的權益，保護鄰居的財產。旁觀者效應在這樣的群體間完全起不了作用，因為情況明確且溝通容易，確保財產安全符合共同的利益。（原注38）

公地悲劇

每個人都負有維護公眾資源的責任，因為這是大眾的集體利益，尤其當人類這個物種改變了我們居住的地球環境後，這樣的需求變得更加迫切。現代文明在一萬兩千年前濫觴後，地球人口從大概五百萬一飛衝上了今日的七十億。在文明開展之前，人類數量較少，而且是以小型游牧的方式看天吃飯。文明改變了一切。科技發展讓健康與財富也有長足進展，人口以級數增加，已經到了威脅地球的規模。現在不僅可供探採的自然資源變少了，工業活動破壞環境氣候，終將影響地球上的所有生命。

早在一九六八年，現已過世的生態學家加勒特・哈丁（Garrett Hardin）就在著名的《科學》（*Science*）期刊上預測過這些問題將有多危險。哈丁這份報告名為《公地悲劇》（*the Tragedy of the Commons*），(原注39)討論的是人口過剩的問題。報告中，他把焦點放在人類行為，視之為生態危機的主因。簡單來說，人類基於各種不同的動機，為了自己或家族的私利而繁衍、競爭與行動。哈丁指出，自私行為的結果不見得是刻意造成的。相反的，他認為自私是人的天性，也因此沒有明確的科技手段可以改變人的動機。

哈丁運用古典經濟學的論述來思考這個問題。現代經濟學之父亞當・斯密（Adam Smith）在《國富論》（*The Wealth of Nations*）中主張有隻「看不見的手」可以促進社會進步。他在書中寫道，一個「只為自己獲益而打算」的人，就好像是「由一隻無形的手導引著去促進……大眾的權益」。換句話說，個人因為實踐自己的私利所產生的改變，累積起來讓社會變得愈來愈好。最能清楚闡述這個概念的例子，莫過於市場與創新之間的關係。如果某項商品供不應求，創新就會出現，透過科技與經濟的進步，提高大家獲得這項商品的機會。這也是企業家不斷尋找的機會，提供人們解決方案好從中大撈一筆。

在強調個人自主是促進文明進展最重要因素的政治觀點中，個人作為經濟成長的驅動力依然是核心信念。這樣的邏輯在經濟學中或許暢通無阻（本書稍後將點出其問題所在），但如果從什麼才是對社會最好的角度來看，斯密的無形之手肯定不是好東西。

數學家與經濟學家佛斯特・洛伊德（William Forster Lloyd）一八三三年發表了一個公式，解釋為什麼斯密是錯的。（原注40）他舉了一個人人都可以自由將牲口放牧於公共草原上的例子。每個人都期待六畜興旺，加上競爭本性的刺激，大家都想增加自己放牧的數量，最終導致災難一場。對個別的牧者而言，增加一隻牲口就增加一份價值，然而過度放牧的成本卻必須由公地的所有使用者分攤。站在個人的立場，增加牲口就經濟考量來說很合理，問題是若每個人都這麼做，最終整個草原會被破壞殆盡，公地制度徹底崩壞。

哈丁將之稱為公地悲劇，這樣的狀況無可避免且無解。而問題是，現在我們每個人都陷入真實世界的公地悲劇中，主角則是相信自己擁有土地合法所有權的個別國家。經過世代傳承，我們逐漸明白地球其實是一個維持著微妙平衡的生態系統，對自然資源的所有權（以及處分權）主張，牴觸了居住在這個星球上所有生物的權利。國家或許有權為了發展農牧業而砍伐林木，但摧毀雨林的結果就是帶來其他所有生物的大災難。

從人類文明開始至今，地球上的樹木已經被毀去了一半。（原注41）燃燒化石燃料、海洋酸化，以及各種人類活動的足跡，在在指出我們正在製造危及未來地球生命的問題。氣候變遷是人類活動的一個直接結果，但解決這個問題所需的行動，卻與個別國家能夠隨心所欲開發資源的權利有所衝突。這就是為何國際合作與國際公約是對抗生態威脅的唯一方式，以及為什麼單邊貿易保護主義（「美國第一」是典型範例）是如此短視又危險，最終只會適得其反。

經濟學家約翰・高第（John Gowdy）認為，我們目前的兩難困境並非無可避免，因為在百分之九十的人類歷史中，我們都是以狩獵採集的方式生存，而非武力爭奪所有權。（原注42）擁有太多東西對游牧民族而言是一種負擔。諷刺的是，就定義來看他們在物質方面非常貧乏，然而他們卻享受著今日只有富裕且不必工作的人才能享受的那種閒適生活。大多數狩獵採集者所擁有的休閒時間其實比工業社會的現代人多很多。一般而言，他們平均每天工作三到五個小時，每週經常會休上一、兩天的假。（原注43）此外，他們的工作很多都是打獵、釣魚、摘水果這類在西方世界被視為休閒娛樂的活動。傑森．葛德斯基（Jason Godesky）是位原始主義者，他想要建立一個狩獵採集部落，他相信即使是最難熬的原始生活，也好過世上最富有國家的人民所能想像最悠閒的日子。（原注44）

儘管這種烏托邦式的願景可能有些感情用事與浪漫，但他還是不禁認為物質財富的追求導致了我們當前所面臨的各種困境。不過約翰．高第對於未來的看法不像哈丁那樣悲觀，他也提出了一些因應公地悲劇所必須做的改變，像環境永續、減少貧富不均、社會安全體系，以及更大範圍的國際合作等等，都是我們耳熟能詳的作法。

然而他的建議清單上還漏了一項，就是理解所有權的概念從何而來。它可能是出於生理的必然性，但概念卻是由人類心智所傳遞，在孩童發展期就已經成型。如果我們當前所面臨的過度消耗以及毫無節制的物質主義，其根源確實是所謂的心理上的所有權，那麼我們就必須盡力改變這樣的認知。而在改變認知前，必須先知道這些認知從何而來。這是下一章要回答的問題。

第三章
所有權的起源

誰擁有班克斯的作品？

二〇一〇年，當底特律的老車廠帕卡德（Packard Automobile）正在進行重建作業時，有人發現一面原本要打掉的牆上畫著一個提著漆桶、拿著畫筆的孩子，旁邊還寫了一串字：「我記得，以前這裡全是樹木。」結果創作者是英國知名塗鴉大師班克斯（Banksy），他以獨特的模板技術拓印、機智詼諧的幽默感、游擊式的作畫型態（通常都在半夜）聞名，最引人注目的則是匿名的風格。一般大眾都不知道班克斯是何許人也，而他也從未對自己的藝術作品主張過任何權利。他只會透過自己的官方網站（pestcontroloffice.com）承認他創作了這些畫作；當然，同樣是典型的班克斯式幽默。如果創作者不主張自己勞動成果的所有權，那麼他的作品歸屬於誰？

事實上，這樣的創作不屬於任何人，因為價值不斐。當大家知道帕卡德工廠出現班克斯的作品後，底特律當地的三五藝廊（555 Art Gallery）怕施工人員不知道創作的價值，為了拯救這幅畫免於被破壞，於是先行移走了這塊高七呎、長八呎、重達一千五百磅的水泥磚牆。(原注1)地主們得知後，出面主張對這塊價值超過十萬美元的水泥牆的所有權，還以竊盜罪一狀把藝廊告進了法院。一夕之間，本來沒人多看一眼的牆變得珍貴無比，必須由法院決定誰才是它的合法擁有者。是在牆上畫畫的藝術家？擁有地權的公司？還是努力保存畫作的藝廊？最後法院判定三五藝廊取得作品的完整權利，但需支付地主兩千五百美元。這筆交易非常划算。五年後，二〇一五年，班克斯的這個作品以十三萬七千五百美元賣給了一對加州夫婦，留下錯愕的底特律居民，因為他們相信這是班克斯要送給這座城市的禮物，應該要留在底特律。

班克斯似乎很享受這種點燃所有權之爭的遊戲。他要我們思考什麼是藝術，以及誰能擁有它。前述事件中，主張所有權的人都得想想這個問題。所有建物都有主人，不論私人的或公共的，因此班克斯盡情揮灑的那面牆不屬於他的，他沒有權利去做任何改變。塗鴉一般被視為毀損行為，會造成資產貶值；在大多數西方社會，塗鴉是刑事毀損行為，可處以罰金或監禁。在英國，二〇一七年的塗鴉清理費估計高達十億英鎊。(原注2)班克斯的畫作是毀壞還是建設？在他的故鄉布里斯托，地方政府不但對班克斯的壁畫提供保護，還賦予公共藝術的地位。布里斯托有專門的導覽介紹街頭藝術，二〇〇九年在當地市立藝術館還舉辦了班克斯展覽，慕名而來的觀光客為地方賺進了一千五百萬英鎊。但也有人持不同的看法。（原注3）班克斯曾在倫敦老街的地鐵站附近留下了約翰·屈伏塔與山謬·傑克森在電影《黑色追緝令》（*Pulp Fiction*）中的角色畫像，只不過兩人手中的武器不是槍而是香蕉；這是他最著名的作品之一，預估市值超過三十萬英鎊。（原注4）但二〇〇七年四月，倫敦交通局的工人用油漆蓋掉了這幅畫。大家要求當局針對壁畫損毀事件發表意見，一位交通局的發言人這樣回答：「我們塗鴉清除隊的成員都是專業清潔人員，而非專業藝術評論家。」

諷刺的是，班克斯至今最富創意的作品，其實是一次破壞的行為。二〇一八年十月五日，蘇富比的倫敦拍賣所正在拍賣班克斯的著名作品「手持氣球的女孩」。當拍賣官下槌宣布成交時，畫框內傳來聲響，畫作在瞠目結舌的觀眾眼前化為碎紙。之後班克斯在 Instagram 上公布影片，說明自己為了防止這幅畫售出而在畫框內裝置一臺碎紙機。他還貼出一張照片，裡頭是聚集在展示間目睹這一幕的電話競標員，照片上有段詼諧語：「碎了、碎了、全碎了……」這才是班克斯最有創意的作品。一如他後來引用畢卡索的話：「毀壞的衝動也是一種創造性的衝動。」通常一個半毀的藝術品都是一文不值，但班克斯的作品不適用這個通則。當時得標的買主決定保留畫作的碎片與畫框，因為那場吸引大眾目光的插曲，讓這些碎片變得更值錢。班克斯似乎是藝術世界中的邁達斯國王，在他手中什麼都可以變成黃金。

每次他創作出一個公共藝術，就會挑戰所有權的制度。這位藝術家以出色的才華與實際的勞動創作出智慧財產後，卻又丟棄了努力的成果，讓其他人去競爭它的所有權。每一個班克斯的創作都讓人想起邊沁的至理名言——所有權不過就是一種概念，是心智的產物。

法國藝術家馬歇爾．杜象（Marcel Duchamp）讓大眾知道了什麼是觀念藝術（Conceptual art）[1]。一九一七年，杜象將一個名為「噴泉」（Fountain）的瓷製尿斗送入紐約獨立藝術家協會（the Society of Independent Artists）第一屆年度展示大會。儘管根據協會的規定，理監事不得拒收任何會員送來的展示作品，他們

1.編按：主張作品所涉及的觀念比當中的物質性、甚至傳統的美學更重要。

卻為「噴泉」破了例，理由是這個不雅的東西根本就不是藝術品。獨立藝術家協會成立的宗旨是要破除一直以來主導藝術界的菁英主義，這個展覽本來不會有評審，也不會有獎項，所有參展作品都以作者姓氏排列。可是理監事竟以不體面為由拒絕了一項參展作品。

不滿的杜象要求協會歸還那個被塞在展場倉庫的尿斗，還拍了一張照片送給在紐約藝術界具領導地位的藝廊老闆暨攝影師阿爾佛雷德・史帝格勒茲（Alfred Stieglitz）。史帝格勒茲對這個作品的反應與獨立藝術家協會截然不同，他寫道：「這張小便斗的照片實在令人眼界大開，每個看過的人都覺得它很美麗，真的，它真的很漂亮。它具有東方的外型感，融合了佛陀與戴著面紗的女子。」

最後「噴泉」只剩下一九一七年的那張照片，因為事情發生後沒多久，尿斗就被丟棄了。畢竟這個作品的意義只是要表達一個立場。杜象當初是因為想要挑戰藝術的概念，才會刻意去招惹協會中的藝術同儕。有人說他打算邀請參展觀眾直接在尿斗上方便，但在一九六四年受訪時，杜象表示他只是想「讓大眾正視藝術只是一種幻想」。（原注5）藝術就跟所有權一樣，難以捉摸。

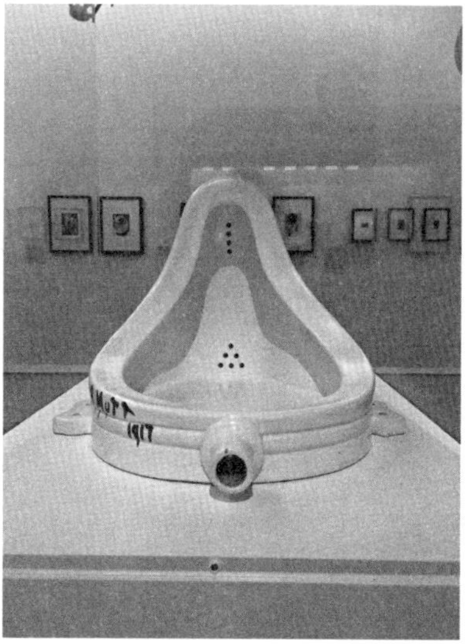

「噴泉」複製品之一，展於巴黎龐畢度中心

二〇〇四年透納獎（Turner Prize）[2]贊助者做過一次市場調查，訪問許多藝術界的領導人物，結果「噴泉」被視為二十世紀最重要的藝術作品。（原注6）它的原始創作或許已經不在，但包括紐約現代藝術博物館、倫敦泰特現代藝術館以及巴黎龐畢度中心在內的著名藝廊，都不乏「噴泉」的複製品。觀念藝術現在已自成一家，藝術品轉手的金額也相當可觀。二〇〇二年，一個出自杜象工作室的複製尿斗在拍賣會上以超過一百萬美元的金額成交——對於僅存於心智中的

2.編按：針對英國五十歲以下的視覺藝術家所頒發的一項年度大獎。

藝術，這真的是個天價。

藝術之所以與所有權相關，在於兩者都是觀念性的產物。這個世界充斥著人類心智所建構的觀念，但如何建構呢？身為發展心理學家，我向來致力於研究孩童對各種事物的觀念發展，從對實際世界的理解到對超自然的信仰。在每一個領域，觀念似乎都是從我們與生俱來的基本原則開始發展，逐漸因經驗而變得複雜。同樣的，所有權也是始於最初的占有原則，一種人類與其他動物界生物所共有的本性。

所有權的前身是占有。占有是指掌握某種資源的取得管道，譬如抓著它、帶著它到處走，甚或一屁股坐在它上面。如上一章所提，許多動物會捍衛自己占有的東西。孩童成展的過程中，在所有權觀念形成前，也有占有的階段。心理學家麗塔．佛比（Lita Furby）曾分析占有行為的發展，並提出兩個通行的占有原則。（原注7）他們訪談了五到五十多歲的受訪者，而所有受訪者都同意，占有代表握有掌控權。再者，他們也都同意，占有物可以形成一種自我認同。這就是我們在前面提過的所有權心理，源於我們如何看待自己與財產的關係——也就是一種自我的延伸。

新生兒對於客體只有極少的理解，他們的自我意識尚未發展。儘管如此，他們有一種天生的好奇心，想要認識這個世界。心理學家羅伯特・懷特（Robert White）的理論是，包括人類在內的所有動物都會想要對環境有影響力，而這種影響力顯然是愉悅感的主因。（原注8）觀察家裡的寵物，你會發現牠們顯然藉由不斷抓撓或拍打來掌控不同物品，而這會給牠們帶來極大的樂趣，牠們會覺得擁有那些物品，因為牠們可以控制它們。在瑞士兒童心理學家皮亞傑（Jean Piaget）的認知發展理論中，這種掌控的欲望就是動機因素，他描述嬰兒透過與客體的互動以及學習瞭解自己所擁有的東西，而去發現世界的本質。這也是為什麼小寶寶會用手上的餐具或茶杯不斷敲擊桌面，以及為什麼他們喜歡不斷把桌上的東西全揮到地上讓父母去撿。皮亞傑認為這些行為是孩子開始探索與理解周遭的環境，以及認識什麼東西是在他們掌控之下的方式。

掌控還取決於可能性。小嬰兒對於偶發或配合他們行為所發生的經驗特別感興趣。話輪轉換（turn-taking）[3]是許多父母與嬰兒互動的方式。而躲貓貓之所

3.編按：一種對話技巧，以模擬語境、自然語境等方式，讓說話者與聽話者之間完成對話。

以可以逗樂孩子也是因為遊戲的不可預測性。（原注9）透過人類對於掌控的基本需求，我們建立起對事物、對自己想法與行動的占有心理。美國心理學家馬汀·塞利格曼（Martin Seligman）認為，「可以在動作指令和視覺或動覺回饋之間，產生完美關聯性的『客體』成了自我；反之則成了外在世界。」（原注10）

當成人無法控制這些關聯性時會感受到疏離，覺得喪失對自己想法與行動的所有權，體驗到人格解離，亦即所謂人格的片斷化，自我完整性與掌控性都受到影響。在這樣的精神狀態下，人們會覺得自己好像被**附身**了，彷彿身心靈的掌控權被另一個人奪走。當思想與行動出現不一致，就像思覺失調等精神疾病的情況，患者會出現被掌控與占有的幻覺。（原注11）就某種程度而言，我們是誰，不論身體或心靈，都跟我們能掌控與擁有什麼有關。

紅蘿蔔與棍子

如果占有的衝動是來自於想要掌控周遭世界的原始驅力，也難怪父母一般都會允許小孩去接觸不會傷害他們的各種事物。小娃兒是父母眼中的寶貝，家人關注的焦點，下次當你去拜訪家有幼兒的親友時，不妨算算小傢伙拿著東西跑過來顯擺而打斷大人談話的頻率。這是一種支配注意力與掌控情勢的常見方式，也是為什麼孩子與父母早期的互動過程常常都跟實際物品有關。（原注12）

幼童都是想要拓展探索界線的好奇寶寶。隨著行動力的增加，他們突然有了接觸各種東西的機會。只不過這些新的接觸經常導致毀損或破壞的結果，因此大人會試著壓制小傢伙們的好奇心。也就是在這個時候，他們開始學著去瞭解什麼是禁區，以及哪些東西可以或不可以由他們所控制。當他們想要拿別人的東西時，占有的感覺會受到阻礙，於是他們開始珍惜可以掌控與擁有的東西。

當小孩子與同伴互動時，往往也會利用物品來進行，而非以語言表達。（原注13）他們很清楚拿什麼樣的玩具會讓哥哥姊姊生氣。當他們走出家門進入幼兒園時，他們會為了占有什麼東西而去爭奪。早期的觀察研究顯示，托兒所裡十八個月到三十個月的幼兒爭執，四分之三都是為了搶玩具。（原注14）若現場只有兩名小傢伙，爭吵機率飆升到九成。動物界的先占原則在這個年紀的孩子身上顯然行不通。等到三歲大時，這種搶玩具的爭吵比例只剩下一半。

小朋友一開始都比較中意別人喜歡的玩具。我們常常可以看到幼童丟下手中的玩具去搶另一個一模一樣的玩具，只因為那個玩具是別人拿在手上的。早在孩子明白地位象徵之前，他們就已經明白擁有別人想要的東西有多棒。幼童剛開始都非常自我中心，但這樣的狀況很快就隨著他們與同儕一起玩的機會增加而改變。（原注15）如同兒童心理學家愛德華．穆勒（Edward Mueller）所描述的，玩具的所有權就是社會發展的「紅蘿蔔與棍子」，可以透過邀請與要求的方式促進社會互動。（原注16）

占有可以成為孩童建立社群地位的一項工具。搶奪物品的掌控權要比打人更常見，這是一種比暴力更鮮明的支配特質；暴力是一種效果短暫的行為，而且很可能會帶來報復或懲罰。（原注17）提到所有權，令人稱奇的是幼童會把在家的經驗帶到幼兒園裡。研究顯示，較常搶奪同儕物品的幼童，在家中母親也較常拿走他們手上的東西；相對來說，較常把東西給別人的孩子，父母也較常會拿東西給他們。（原注18）

過了學前階段，孩子開始以談判協商取代勢力競爭與侵略性占有。這個時候，語言在平息所有權糾紛時扮演了重要角色。（原注19）然而，語言發展遲緩的孩子則繼續以蠻力主張所有權，因此不意外地他們會遭到同儕排擠。與女孩相比，男孩更具侵略性，在溝通上也比較遲鈍，所以碰到所有權糾紛時，他們更可能訴諸暴力。男孩也比較不願意共享。（原注20）儘管兒童心理學家長久以來一直為男孩的侵略性究竟是天生抑或後天造成而爭辯不休，但男孩普遍語言發展較慢確實有其生物學根據。（原注21）然而到底是無力溝通導致這種侵略性，抑或是侵略性導致無法溝通呢？

根據觀察，童年早期還有一個有趣的模式轉換：支配階級最早出現，然後是友誼架構，而利他架構的發展則更晚。在孩子學習以所有權來建立社會地位的過程中，先是透過力量奪取，接著藉由合作，最後才是聲譽。「這是我的」或許只是孩子最先學會的一句毫不起眼的話，但在所有權支配的世界中，這句話始終是最有力量的宣示。

那是你的嗎？

許多財產爭議都跟擁有者不在場有關。想像你正在搭一趟長途火車，身邊沒有人可以說話，也沒有手機可以打發無聊。這時你看到一個空位上有本有趣的雜誌，是否拿起雜誌取決於你認為它到底屬於誰。會不會是坐在雜誌旁邊那個座位上的女士？還是之前坐在這個座位上但剛下車的男子？也許是常常發送免費印刷品給乘客閱讀的鐵路公司？又或者是有人去找餐車買東西而把雜誌放在那裡占位子？這本雜誌究竟有沒有人的？當你在思考的時候，心智就開始運作了。或許你根本不在乎，直接拿起雜誌就看，然而多數人對於所有權還是有一定的敏感度，也會避免因不告而取冒犯別人。至少我們會先詢問坐在雜誌旁邊座位的那位女士後，再把雜誌拿起來看。畢竟她離那本雜誌最近，有優先主張權。

像雜誌這類微不足道的東西，我們大概不會因為所有權問題而煩惱，但對於大多數的財產，我們都會再三思量，尤其是土地，以及我們可以或不可以去的地方。警衛、大門、圍牆等防護措施圈限了使用範圍，但其他界線不明的地方，誤闖可能造成致命後果。在美國曾發生無辜的侵入者遭到土地所有人射殺的事件。有時候入侵者只是喝醉了酒、迷了路，或是不瞭解所有權人為了護衛自己的財產有權使用武器的外國遊客。（原注22）

與大眾認知相反，在美國使用致命武器護衛自己的家園**並非**合法行為，但有許多州則接受基於擔心安全遭到威脅而射殺入侵者。賦予人們使用武力防衛財產的「堡壘原則」（Castle Doctrine），最初是根據隨著殖民傳入的英國法，時間可追溯到十七世紀的律師愛德華・科克爵士（Sir Edward Coke），他曾寫下：「一個人的家就是他的堡壘。」

侵入很可能是無意造成的，甚至還發生過跟著手機導航系統捕捉寶可夢的玩家，因為在私人產業上遊蕩而遭屋主開槍的事件。（原注23）每年都有倒楣的傢伙因此遭到槍擊，一般相信開槍者是出於自衛，但事實上入侵者之所以遭到槍擊，主要是因為他們沒有取得同意就踏入別人的財產範圍。但我們要如何知道自己什麼時候侵犯了他人的財產呢？在某些文化中，侵占的概念根本不存在。因此我們每個人都必須瞭解各地習俗，學會辨識存在、甚或看不見的信號。

人類會利用信號劃定勢力範圍，因為信號可以代表一個人。姓名、地址、記號與旗幟都可以代表所有權。然而有時所有權並沒有任何標示。如果你到眾多美國的國家公園去遊玩，譬如懷俄明州的黃石公園，無意間看到地上有顆長得很有趣的石頭，你可能會想要把它撿起來帶回家。儘管這顆石頭是地球花了幾百萬年才生成的自然產物，而且除了你沒有其他人注意到，但你還是不可以拿走。（原注24）許多公園現在都豎立標示，警告遊客不可取走自然產物。你不可以從國家公園裡帶走花朵或石頭，因為這些東西屬於國家所有。問題是，你怎麼知道？這顆石頭跟其他石頭看起來都差不多。所有權影響我們每一個人，我們必須遵守規定，否則後果自負，可是這些規定往往並非清楚明白。我們該如何界定所有權這種難以捉摸的東西？

對發展中的孩子來說，有兩種可行的方式：視覺聯想與口頭指示。簡單的視覺聯想讓小寶寶可以建立他們常看到的人與物之間的連結。好比說，他們每天都會看到媽咪拿著手機，所以他們會假設手機是媽咪的一部分。用特定的物體辨識特定的人物，是小孩子早從十二個月大起就已經具備的能力。（原注25）不過建立所有權關係需要與物體之間有刻意且獨特的互動，否則嬰孩會把家裡每一樣東西都與他們每天看到的人做連結，小小的腦容量會無法負荷——冰箱、杯子、餐具、電視以及這類用品，在本質上無法真實反應出獨特的所有權。相反的，你所擁有且具有互動關係的東西，就會引發所有權的假設。（原注26）

一旦建立起視覺聯想，孩童就會自發地將這樣東西與所連結的那個人貼上標籤。研究早期語言發展的學者注意到，嬰兒會指出與某人有關的物品是非常普遍的現象，譬如指著手機說「媽咪」，這說明人類從很小的時候就知道物品是個人的延伸。這種標籤可以經過強化與設計，變成辨識名稱的能力：「對，好棒，那是媽咪的手機。」不過，正常的孩童絕不會指著媽媽說「手機」。這表示在小朋友兩歲生日前就知道人和所有物之間的關係。

幼童不只用語言表達他們知道誰擁有什麼，也會用語言宣示占有。當我們聽到「這是強尼的」，我們就知道那個東西屬於強尼。年紀再小的幼童都懂這個道理，不過他們也會過度使用，以為只要開口說「我的」就真的是自己的。針對十八個月大的小小孩與同儕間互動所進行的研究顯示，「我的」這個用詞是他們從其他小孩手中搶走玩具時最常用的詞彙。（原注27）相較之下，家有手足的小孩在語言表現上會更早且更常使用所有格，這表示孩童處於有潛在競爭的環境下，更會使用「我的」來提出主張。（原注28）

過了兩歲，小朋友可以在所有者不在場時指出所有權的歸屬。如果向他們展示一樣家人的物品，再問他們「這是誰的東西」，他們會回答「爹地」或「媽咪」。（原注29）仔細想想，這種辨識所有權的能力看似簡單，其實是相當了不起的成就；它證明了所有權的觀念已經存在於學齡前孩童的心智，他們可以把不在場的人和所擁有的東西連在一起。這種能力屬於觀念性的理解，代表心智進一步的發展。

使用關聯性與標籤化的學習效果都很好，但面對第一次接觸的人事物又該如何確認所有權？我們怎麼知道火車上那本雜誌究竟是誰的？孩童在理解世界的時候，會尋找模式來建立一般性的原則。兒童心理學家歐力・佛來德門（Ori Friedman）過去十年都在研究孩童如何理解「什麼東西是誰的」這個問題。他認為孩童就像小福爾摩斯，他們是天生的偵探，會利用演繹法重現某樣東西的歷史，判斷它最可能屬於誰。他們會運用一系列的規則去思考什麼東西可以被人擁有，什麼東西不可以。

什麼東西可以被擁有？

試想當你走在公園時看到地上有三個東西：一顆松果、一個舊瓶蓋，還有一枚鑽石戒指。這三樣東西哪樣是有主的？對大多數成人而言，答案非常明顯。一個是自然產物，兩個是人為產物；兩個人造物中，一樣似乎是被丟棄的，另一樣卻很可能是不小心弄丟的。至少從三歲開始，孩童就理解松果是自然產物，不太可能像戒指那樣被人所擁有。但再想想，如果你在別人辦公桌上看到一片樹葉，那片樹葉有沒有主？相較於在三十樓高的辦公室裡看到的葉子，如果辦公室的窗戶是敞開的，窗外有樹，當天又起風，你對這片樹葉的所有權應該會有不一樣的判斷。（原注30）在後者的假設中，桌上的葉子或許是風的惡作劇，當事人根本無意擁有；至於摩天大樓辦公室裡的那片葉子，必然代表著特殊意義而被某人刻意放在桌上。

刻意努力的成果是財產的重要特徵。一如許多寵溺孩子的父母，我對兒女們收集給我的樹葉、樹枝、石頭以及其他自然產物都滿心感謝。我家廚房以前總是裝飾著女兒小時候的勞作成品，在外人眼中它們大概跟鬼畫符差不別，但事實並非如此，這些創作融入了許多努力與意圖。就像我的同事瑪麗莎・普力斯勒（Melissa Priessler）所說的，決定藝術的關鍵在於意圖，而非技術。藝術的定義源自創作者的用意，這是孩童從兩歲起就理解的事情。（原注31）

面對財產糾紛及判定所有權歸屬時，意圖、目標與努力都是重要決定因素。就像法院對於班克斯作品所有權的裁定，不同的孩子與不同的文化對所有權有不同論斷並不令人意外。根據研究顯示，學齡前的孩子和成年人一樣，一開始都相信誰付出努力去創作或獲得一樣東西，他就是那樣東西的合法擁有者。然而，孩子們並不在意過程中用來製作成品的原始材料屬於誰。（原注32）三到四歲的孩子認為用別人的黏土做東西很正常，所有權也是屬於創作者；但成人更可能會去問黏土是誰的。這種創作努力高於材料取得的觀念也存在於其他文化間，好比說日本人比英國人更關心原料來源。（原注33）這表示不論創意來自於誰，日本人對於使用他人的材料更為在意。不過英國人會將勞力是否足以改變產品價值的重要性納入考慮。相較於使用貴金屬打造首飾的工匠，如果有位像班克斯這樣的藝術家，付出努力把一面毫無價值的水泥牆變成藝術作品，那麼英國人會認為後者更堪稱是產品的合法擁有者。（原注34）透過努力與勞力為產品帶來相對增值，才是判定所有權的最重要因素。

在創作某樣東西的期間所投入的努力以及技藝，會影響我們判定誰擁有該樣東西。但技藝要如何評判？傑克森．波洛克（Jackson Pollock）的畫作對於油漆廠的工人來說，可能就像油漆爆炸；但對其他人來說，波洛克的創作天分讓一塊畫布價值數百萬美元。有些被視為胡亂塗鴉的東西，在他人眼中卻是傑作。一些在外行人看起來就像是黑色帆布的作品，竟售出了離譜的天價。二〇一四年，美國藝術家羅伯特．瑞曼（Robert Ryman）的一幅「白上白」（white on white）畫作以一千五百萬美金售出。（原注35）提到觀念藝術，決定一幅作品是否是值得擁有的財產，重點在於藝術家的創作目的。

誰可以擁有什麼？

二〇一〇年，布萊特．卡爾（Bret Carr）在佛羅里達州興訟，對他去世母親所立下的遺囑提出異議。他母親將價值大約一千一百萬美金的資產與基金，全數指定用來照顧她的狗。（原注36）有些人不僅把財產留給動物，還會留給他們想要保存與保護的藝術收藏、建築與土地。顯然我們可以把財富留給用於照顧任何事物的計畫與安排。

把動物與藝術品視為遺產受益人確實有些奇怪。連小孩子都知道通常只有人才可以擁有東西。在一系列的研究中，研究人員詢問六到十歲的孩子「誰可以是擁有者」的問題，答案選項包括人類、動物與工藝品。（原注37）他們問的問題像是：「小寶寶可以擁有一條毯子嗎？一隻狗可以擁有一顆球嗎？一張沙發可以擁有一個枕頭嗎？」雖然還是會出現少數例外的回答，但整體來說，連最小的孩子都認為只有人可以成為擁有者。不過如果問題裡的動物是家中寵物，那麼孩子也會把所有權套用在寵物身上。我女兒們剛開始養寵物時，總是在說籠子裡的哪個鈴鐺、哪個爬架是屬於她們各自的寵物。她們認為所有物是主體的延伸。看來所有權的概念也是身分認同的一部分。但話說回來，也有例外的情況。孩子們一開始認為人必須清醒才能擁有東西。（原注38）他們認為睡覺的人無法擁有東西。

在瞭解孩子如何建立所有權概念的過程中，這些例外提供了許多線索。成人會把所有權視為個人的延伸，不論這個人目前是處於忙到無法分身、癱瘓、睡著、昏迷或其他狀態。就算是已經去世的人，在確定誰是法定繼承人前，也可以擁有財產。這樣看來，孩子必定是把所有權當成了一種行動能力，一種刺激他們去占有東西的驅力，也就是掌控的能力。別忘了，幼小的孩子以為與某樣東西互動的那個人就是擁有它的人，和我們在狩獵採集者身上所看到的需求共享觀念有點相似。只不過孩子們無法理解所有權一旦確立，除非權利移轉，否則所有權就一直有效。這引發了一個有待驗證的問題：如果小孩子知道竊盜是不對的，他們還會認為持續占有別人財產的竊取者是所有權人嗎？

也許你認為答案肯定是「不會」，然而在英美法中，有一種被稱為「逆權侵占」（**adverse possession**）的法律程序，也就是說若闖空門的傢伙占有某項偷來的財產長達一段時間，通常至少是十到十二年，而財產的原主也未提出異議，那麼侵占者就可以取得所有權。只要時間夠久，占據他人財產的人也可以依法主張所有權。所有權並不是永久的，除非行使權利，否則其他人就可以把你的財產拿走。

倘若確定所有權需要一點偵察工作，那麼誰最可能占有這樣東西，就成了最有力的線索之一。我們很早就會形成刻板印象，也逐漸明白這類想法的力量與影響力有多大。根據觀察，孩子最早在三歲時就對性別認知有所執著。心理學家卡洛·馬丁（Carol Martin）與黛安·魯伯（Diane Ruble）曾將孩童比喻為「性別偵探」，他們會找出與性別相關的資訊，根據這些資訊建構自己對於什麼是男生、什麼是女生的理解與概念。（原注39）而且孩子們不僅是性別偵探，還是「性別警察」，堅持譬如只有女生才可以擁有洋娃娃、只有男生才可以有玩具兵，因為這些東西都具有鮮明的性別差異。當然，凡事皆有例外，而且有些父母也會給孩子中性的玩具，但一般而言，孩子在很早期就會展現出性別偏好。這種現象或許有其生物學的根據，不論人類或非人類的動物，當提供玩具選項時，相較於雄性，年幼的雌性靈長類動物更喜歡娃娃。多份報告指出，甚至有雌性的小黑猩猩

把棍子當成娃娃，模仿母親照顧小猩猩的行為。（原注40）

當孩童發展出包括性別、種族與年齡等等更複雜的認同時，他們會把這些根據文化脈絡所定義的族群特質融入所有權的觀念裡。（原注41）孩子就像福爾摩斯一樣，透過演繹推理來建立所有權。在一項研究中，研究人員給三到四歲的孩子看兩個人物的畫面，一個男孩，一個女孩，畫面中他們都在玩海灘球。（原注42）當研究人員問小朋友這個球是誰的，他們根據先占原則，認為第一個玩球的人是球的主人。但是在第二個研究中，男孩與女孩玩的不是沙灘球，而是玩具車、珠寶、足球裝備以及一個洋娃娃，結果不論先玩玩具的人是誰，孩子們都會根據制式的性別觀念歸類所有權。占有物可以反映出可能的占有者。

泰迪熊與毯子

當孩童們愈來愈能夠分辨「什麼東西是誰的」，他們更傾向把擁有的東西視為自己的一部分。有一種東西是年幼的孩子不但不願意和別人分享，還會激烈捍衛的：個人的依戀物，通常是從小就擁有的一個絨毛玩具或一條毯子。當這樣東西不見時，孩子會變得心浮氣躁。這類所謂的「安全毯」會讓孩子感到安心，是安撫他們情緒的工具。這是一種特別卻又相當普遍的行為，源於我們對熟悉感的基本需求。而依戀物是所有權心理最有力且最早出現的例子。它是如何產生與造成影響的？

心理學家唐納・溫尼考特（Donald Winnicott）稱這樣的安全毯為「過渡性客體」（transitional objects），它填補了孩子與母親在心理層面的分離所造成的缺口。(原注43) 小孩子與母親之間有一種極為緊密的連結，因此當母親不在身邊的時候，孩子就會將他們對母親的情感依附移轉到某個東西。根據估算，西方兒童把情感依附轉移到軟毛玩具與毯子上的比例大約有六成。(原注44) 有趣的是，童年的依戀物在遠東地區並不常見。研究指出，遠東地區的孩子對依戀物的需求比西方低得多。(原注45) 對於這樣的差異，有一種解釋認為是傳統睡眠模式不同所致。(原注46) 在西方，中產家庭一般會讓嬰兒從一歲起就跟父母分房睡，但在傳統的東方家庭，孩子往往會和母親共眠直到童年中期。在西方人眼中這種作法很奇怪，但其實就只是一種風俗習慣。再者，許多遠東地區的家庭，特別是在人口稠密的日本城市，一家人住在小公寓裡，小寶寶擁有單獨臥室的情況並不常見。所以不只父母的習慣與作法會影響孩子的情感依附，孩子與母親保持親近也會降低他們對依戀物的需求程度。

當孩子與母親分開睡覺時，他們必須建立起一套慣例，這時依戀物就成了關鍵。我的大女兒瑪莎在大概十二個月大的時候，因為媽媽必須回到工作崗位而被送往托兒所。學校通知我們要準備一條午睡用的毯子。午睡是一套行之有年的慣例，所有孩子透過這套規定學習在同一個時間靜下心來。我們為她準備的是一條亮色聚酯纖維絨毛毯，沒多久這條「毯毯」就成了瑪莎生命中不可或缺的東西，直到今日亦然。顯然慰藉與慰藉物之間很快建立起連結。在我們家，瑪莎到兩歲時已經無法與毯子分開，只要找不到毯子我們就會很麻煩。

依戀物無法輕易被取代。在一項研究中，我們讓三到四歲的孩子相信我們製造出一個很厲害的影印機，可以複製任何東西。（原注47）其實我們只是利用光線和標度盤，做出兩個看起來很有科技感的盒子，在孩子面前施展小小的魔術。我們把物品放在一個盒子裡，然後按下按鈕，在一陣噪音亂響與光線亂射之後，打開第二個盒子就會看到與第一個盒子裡一模一樣的東西。孩子們都信以為真，事實是我們準備了兩個一模一樣的東西，由一位躲起來的研究人員把東西放進第二個盒子裡。這麼做的用意是要測試孩子願不願意複製他們的個人物品，以及如果這麼做了，他們比較願意保留哪一個。結果孩子們的行為模式非常清楚。如果只是一般玩具，他們不會擔心東西被拿去複製，而且比較想要全新的玩具。不管怎麼說，新的東西就是酷。然而，如果複製的是依戀物，他們就會要回原來的那一個。一如藝術真品，就算長得一模一樣，他們也不要複製品。

或許你從來沒有什麼依戀物。我的二女兒愛斯梅就沒有，儘管她和瑪莎生長在同樣的環境下。為什麼不需要呢？這也是父母經常會問的問題：他們為什麼如此不同？雙胞胎研究很重要的原因正在於此，試圖釐清生理與環境對個人差異的影響。最近一項雙胞胎研究發現，擁有依戀物的原因，基因遺傳與環境影響各半，而在環境因素中，與母親分離時間較長的孩子又特別明顯。（原注48）我帶的研究生艾胥麗・李（Ashley Lee）專門研究成人的依戀行為，她恰巧是同卵雙胞胎。她從來沒有依戀物，但她妹妹瑞秋到現在還留著她的安全毯。根據她們母親的說法，瑞秋在襁褓時曾因感染而與家人分開，在醫院住了好幾個月。那也是她第一次開始依戀東西。

這樣的依附關係或許始於一個簡單的習慣，但很快就可以看出其特殊意義。許多孩子表現得彷彿依戀物就是活生生的東西，他們會給它取名字，也會擔心它是否高興或寂寞。孩子自發性地和它互動，就好像它有情感與想法。以心理學術語來說，孩子將依戀物人格化了，或者把它當成人來對待。我和同事塔利雅・吉爾索（Thalia Gjersoe）共同測試孩子是否相信依戀物有心靈。（原注49）我們讓孩子看一張動物或一個玩具的照片，告訴他們如果把動物關進盒子裡，牠會覺得寂寞，但如果把玩具放進盒子裡，它只會稍微弄髒而已。然後我們再問這些孩子，如果把他們的依戀物放在盒子裡會如何。結果孩子們大都回答說，他們的依戀物比較像動物，會感到孤單難過。

或許你以為孩子長大後就會擺脫這樣的行為，但對許多人來說並非如此。艾胥麗訪問那些仍然保有童年依戀物的學生。我女兒瑪莎今年已經二十四歲了，而她的毯毯還在！他們願意丟掉自己的依戀物嗎？由於我們無法要求別人損害自己的東西，於是我們用了類似巫毒的手法。我們要求他們將童年依戀物的照片剪碎，同時測量他們的皮膚電導反應。皮膚電導反應基本上就是人體的出汗狀況，也是測謊時會使用的一種壓力測試。受測者雖然知道剪碎照片不會對他們心愛的東西造成任何傷害，但這樣的行為卻具有不好的象徵意義，以致受測者的壓力指數飆升。（原注50）他們在感情上與依戀物緊緊相繫。

每一年我都會在任教的布里斯托大學徵求參與研究試驗的學生。當我問到依戀物的問題時，總會看到羞於啟齒的學生露出不知所措的表情。一般來說，約三分之二的學生依然記得自己童年時曾有過特別的玩具，其中大概半數的人還保留著依戀物。顯然這些東西都具有情感價值所以不會被丟棄。

不少人會發現自己的伴侶有條髒兮兮的毛毯或破爛的娃娃塞在枕頭底下或抽屜裡。多數人覺得這是一種會讓人不好意思承認的祕密，不過也有些人坦然面對。我曾與許多成年人談論過這個議題，他們都樂於分享自己與童年依戀物之間的情感。有時候他們的自白還會引來一陣尷尬。有次參加晚宴時，我和一位受邀的女性談到這個研究，或許因為酒精作祟，她竟然告訴我每次帶男友回家過夜時，都會把自己的泰迪熊轉個方向，讓它面朝浴室，以免它看到難為情的畫面。

情感性的擁有對人類而言是很普遍的情況，卻鮮少在動物身上觀察到。唯有當被帶離了生長的環境，動物才會對沒有生命的東西產生情感依附。一九六〇年代，哈利·哈洛（Harry Harlow）進行了他那惡名昭彰的研究，讓獼猴寶寶在與母親隔離的環境下成長，但他給這些小猴子準備了「代理母親」；這些代理母猴是外面罩著仿真毛髮的鐵線圈，要不就是在光禿的鐵線架上裝了餵食器。（原注51）哈洛想確認小猴子會依附提供食物的母親，還是提供慰藉的母親。研究顯示，當小猴子難過的時候，會緊緊抓著毛茸茸的母親尋求慰藉，證明靈長類動物的依戀大多源於安全感需求，而非想要吃的驅力。然而在正常情況下，母親都會隨時在孩子旁邊，所以靈長類動物不需要做出這樣的選擇。

不過遭到囚禁的動物可能會對自己擁有的東西產生依戀。如同許多狗主人所見，幼犬也會像人類寶寶一樣與玩具建立起情感依附，特別是與母親分離的幼犬。可是在犬類的祖先狼身上並沒有發現這樣的行為。犬類在經過人類長期豢

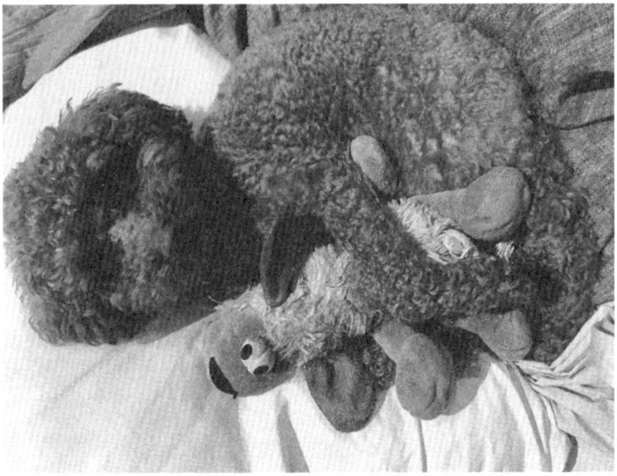

狗兒對無生命的東西建立起情感依附。（感謝 Jo Benhamu 提供照片）

養後才出現這種情形，這個過程又稱為誘發動物的幼年化（juvenilization），亦即延長幼兒階段與依賴程度，副產品就是對客體產生情感依附。另一方面，人類幼兒需要依賴他人才能存活。我們都是靠著別人的照顧才能長大。然後我們把生命用來累積財產，相信擁有是快樂的根源。所有權心理是一種社會演化的結果，在這個過程中我們對重要的東西（不論人或物）產生了情感依附。

不僅僅是擁有

我們已經明白在擁有的關係中，人

類之所以獨特之處。許多動物會為了搶奪東西而戰，但人類演化出所有權的觀念，讓我們可以隨時掌控，也可以標示自己的地位。就像藝術一樣，觀念由心而生，但論及所有權時，由於它是一種社會契約，因此我們必須學習相關規定。儘管所有權的規則可能難以理解，但想要占有東西的需求卻是人類很早就有的。小嬰孩的東西被拿走時，他們會哭喊抗議，這樣的行為只是對財產被奪走的單純反應。此外，所有權與個人認同有關。

首先，所有權的重點在於實際的東西，儘管嬰孩可能從小就把父母視為自己的財產，期望得到獨一無二的照顧。至於土地與想法的所有權則更為複雜，發展的時間也晚很多。我們對於這些事情的看法到現在都還有爭議。但看來順序是這樣的：孩童學會辨識重要他者，然後以他們所擁有的東西來描述心智相簿中的人。我們從身心向外推展到擁有其他東西，這樣的觀念正如本書主要的命題：所有權是自我概念的延伸。果真如此，那麼我們的自我感覺就會隨著我們成長的社會脈絡而改變。什麼東西可以稱為我們的東西，仰賴我們與其他人共享的所有權慣例。這些規則並非刻在石頭上一成不變，而是會隨著時間與文化做出調整。

若出現財產糾紛，所有權的規則就會介入，看看誰的主張比較有力，但主張的強弱端視社會重視的價值而定。在西方社會中，我們強調個人，因此偏向那些可以行使最大控制權的人，不論是源於先占或獨占。其他人際依賴程度較高的社會，就不會把這些事情視為最重要的因素，因為對他們來說，需求與共同價值更重要，就像我們在狩獵採集社會看到的一樣。不論孩子在什麼地方長大，都必須學習適合群體生活的規範，否則就會遭到排斥。

我們的身分認同是社會建構的產物，其中包括了我們對於所有權的態度。在很遙遠的以前，所謂的社會群體還不多，但隨著人口愈來愈稠密，資源與土地有限，我們生活得愈來愈靠近，若要避免公地悲劇，就必須重新調整自我認同，向多數人的需求靠攏。要做到這一點，我們必須教育孩子學習真正的所有權價值，拒絕毫無節制地追求欲望。而最重要的價值就是與他人分享，它與我們的競爭本性矛盾，卻是互助生活的基本。分享就和所有權一樣，經過了相當多的發展階段與文化變異。下一章我們就要討論這個議題。

第四章

這樣才公平

美國人比較想住在瑞典

「不患寡而患不均。」——孔子，《論語》

提到財富與貧窮，人生實在不公平。歐巴馬在總統任內不斷大聲疾呼，貧富差距是「我們這個時代面臨的關鍵問題」，因為這樣的差距已經很驚人。二〇一五年，瑞士信貸銀行有份報告指出，全球最富有的百分之一人口握有全球一半的財富，而底下百分之七十的人口只擁有不到百分之三的財富。(原注1) 在美國，貧富差距穩定加劇。二〇一二年，一般公司的執行長薪水是普通員工的三百五十倍，在短短兩個世代以前僅為二十倍。(原注2)

看到這類統計，你或許會認為革命早該展開了，但事實是大多數美國人都寧願不平等。一項研究的對象是五千多名美國人，受測者涵蓋了各階層。研究人員讓受測者觀看三個未標示國家的圓餅圖，其中兩張是美國與瑞典的真實財富分配狀況，第三張則是虛構的共產國家財富完全均等。每張圓餅圖都分成五個區塊，各代表百分之二十的人口所擁有的財富比例。（原注3）研究者要求受測者想像自己移居到其中一個國家，被隨機分配到某個區塊。他們想要住在哪個國家？幾乎沒有人選擇財富均等的國家。他們也沒有選擇代表美國財富分配狀況的那張圖。反而九成的受試者都選擇了瑞典那張圖，貧富失衡狀況比美國好上許多。這種偏好一定程度不均的現象，並非美國人獨有。二〇一八年針對五千名成人所進行的線上研究也顯示，當有機會扮演羅賓漢時，大多數的美國人與德國人都傾向不要劫富濟貧。（原注4）顯然，我們都預期也接受生命的不平等。

我們並非一開始就接受不平等。簡單的實驗即可以證明，我們不僅很早就懂得什麼是不公平，而且還很反感。早在十五個月大的時候，孩子就會對餅乾沒有均分給兩個人感到訝異。（原注5）幼童也知道怎麼樣把東西和第三個人共享，不過他們還是會留多一點給自己。（原注6）如果點心是奇數，但要分給兩個人，六到八歲的孩子為了平均寧願捨棄多出來的那個點心。（原注7）相較於徇私不公的人，孩子們更喜歡會平均分享的人。（原注8）

心理學家克里斯汀娜・斯塔曼斯（Christina Starmans）指出，孩子表現出不喜歡不公平，與成人偏好住在不平等的社會並不矛盾。令人不開心的並非財富分配不均，而是分配的方式不公平。（原注9）因為公平（fairness）和平等（equality）是不一樣的事。想要證明人類天性傾向公平的研究，往往會預設領受者全都具備一樣的領受資格。對一群工作者來說，不管個人努力或懶惰都發放相同的酬勞，是不公平的事。一旦將個人努力納入分配考量，實驗研究就會比較接近真實了。如果跟孩子說某個小朋友在打掃的時候比別人更認真，他們就會覺得給他多一點的獎勵是比較公平的。（原注10）孩子們相信功賞過罰。

對公平的認知也說明了人們對於財富分配的態度。大多數資本主義國家的人民之所以甘於接受不平等的資源分配狀況，是因為他們相信工作較勤奮的人本來就應該多得到一些。功績主義是資本主義意識型態的核心，只要你努力就能成功，享受辛勞所得的成果。如果人民對於當前的社會狀態不滿，主要並非因為不平等，而是認為分配的方式不公平。我們希望減少不平等，但也知道不可能完全平等（共產主義除外，只不過就算是共產主義社會也只是齊頭式平等）。

這種對於公平的看法有個問題：我們並不擅長預測實際的資源分配狀況。前述實驗中那群相同的受測者（亦即偏好瑞典多過美國的人），被問及他們心中理想的公平分配是什麼，並請他們推估美國真正的財富分配狀況。（原注11）他們認為公平的生活應該是前五分之一的富有人口擁有整個國家約三分之一的財富，而最貧窮的五分之一人口擁有國家約一成的財富。儘管他們猜對了前百分之二十的富裕人口掌握國家大部分的財富，卻嚴重低估了貧富不均的程度。事實上，美國前五分之一的富有人口掌握了全國百分之八十四的財富，而底層的百分之二十只分配到百分之零點一。顯然大家對於平等與公平的認知，與實際的狀況有極大落差。這種錯誤認知的一個原因要歸咎於所謂的「美國夢」。

美國夢是一個奠基於功績主義的概念——只要你努力就會獲得公允的獎賞。若情況確實如此，結果自然是只要夠努力，每個人都可以成功。由此也導致了社會流動性的假設，人人都有機會爬到頂端，得到相稱的獎勵。人們之所以偏好分配不均的社會，正是因為如果少了追求成功的動機，就沒有人願意努力改善自己以及下一代的生活。（原注12）如果無法享受辛勤工作的收益，誰要努力啊？公平原則說明了一般美國人為什麼可以忍受分配不均，以及為什麼相對於瑞典這類國家，美國人比較不支持為了進行教育資源與財富的重新分配，而課徵富有者更多的稅賦。（原注13）每個人都想生活在更公平的社會裡，只要我們有機會站上社會頂層。英國或許沒有類似的英國夢，但同樣有收入不均的問題。英國的社會支持體系比美國好，特別是在社會福利與國民醫療保健服務方面，然而同樣的，英國百分之十的最富有人口控制了全國百分之四十五的財富，而底層的一半人口卻只擁有全國百分之八的財富。

功績主義的理想也解釋了右翼政黨的崛起以及川普的訴求。儘管許多評論者認為川普的當選是勞工階層以選票表達經濟抗議，然而就像我們在第一章討論過的，貧富差距並非民粹主義興起的唯一原因。的確，鮮少有政治人物擁有像川普一樣的特權與財富，但許多經濟被剝奪者之所以投票給他，是因為他們將川普視為美國夢的代表──一個白手起家的人。反觀他的對手希拉蕊．柯林頓，代表的則是社會領導階層，而且還有個曾經當過美國總統的丈夫。即使柯林頓的民主黨在傳統上更鼓勵平等主義，但許多最貧困的人民仍憎惡這種政治特權的延續。他們覺得自己之所以陷入經濟困境，就是因為菁英階層掌控著整個壓迫他們的制度。他們想要奪回所有權，掌控自己的生活。

政治右轉是否真的可以創造一個更好的世界，歷史自會給出答案，但有件事卻清楚不過：人並非總是依據自己的最佳利益行動，而是寧願按照原則做決定，一如當前的政治動盪所示。這種情況與所有權的關係密切。如果所有權是指掌控讓個人得以興旺的資源，那麼社會可接受的所有權不平等就包含強烈的道德意涵。一個人可以賺取他應得的更多財富，我們接受這樣的不平等，然而所有權在本質上就是不公平的，因為生命並不是一個公平競爭的場域。

我們每個人都得到祖先與親人不同程度的庇蔭，不只是經濟方面，也包括基因遺傳。一個努力工作的人，也許是因為他在體能上本來就比其他人更健壯。有些頂尖運動員的薪水高得驚人，如果他們天生運動細胞好，這能說公平嗎？數學天分高的人賺得比沒有數學天分的人多，公平嗎？更不用說，還有災難、偏財運、天上掉下來的禮物這些我們根本無法控制，卻會改變我們生命的事情。對於這些影響我們人生的突發事件所造成的不公平，應該如何看待？我們都必須對什麼是公平有所想法，但要怎麼想呢？

所有權製造出不平等，透過傳承特權與優勢，更是讓社會不公永垂不朽。但是所有權也賦予每個人將自己的資源分享給弱勢者的權利，以道德羅盤引導我們慷慨待人，矯正所有權所造成的失衡。除了競爭本能，我們也能夠對陌生人展現善意。但若人生是一場競爭，這麼做又有什麼意義呢？要進一步理解這個問題，我們得先把焦點轉向行為經濟學，看看慷慨的行為如何取決於道德感的發展與公平競爭。

獨裁者賽局

尼可拉斯是個獨裁者。然而他既不是法西斯政權的領導，也不會像希特勒或墨索里尼那樣發表刺耳的民族主義演說。畢竟他不過七歲大。但他有權發號施令，也有權決定要把什麼東西據為己有——這一次，是幾張閃亮亮的動物貼紙。

尼可拉斯剛加入一項研究計畫，他要談談自己的朋友，而我的研究生珊卓拉則根據他的描述繪製圖像。訪談結束後，她感謝尼可拉斯撥時間參與，並表示他可以從一袋禮物裡挑選六張貼紙。尼可拉斯選好貼紙後，珊卓拉告訴他，他可以把六張貼紙都帶回家，不過如果他願意也可以把一些貼紙裝進空白信封裡，分享給下一個進來的小朋友。一切就看尼可拉斯的決定。小傢伙真心喜歡所有貼紙，而且想全部都留給自己。他該怎麼辦呢？等他跟著母親離開後，珊卓拉打開信封，裡面有三張貼紙。他為什麼願意給出一半的貼紙？畢竟不會有人知道他怎麼做，而且他也不知道下一個小朋友會不會接受這些貼紙。七、八歲的孩子若被要求分享時，就算不認識對方，大多數的孩子仍會這麼做。是因為他們學會必須分享，還是他們覺得分享是一件對的事情？我們為什麼會和其他人分享資源或助人？是因為我們的善心，還是有其他動機？

二〇一七年，美國人捐了兩千五百億美元做善事，英國人則捐了一百億英鎊。（原注14）所謂的慈善捐款就是不期待回報。如果不是出於全然的利他主義，大家為什麼會分享並付出自己的資源？從道德哲學之父蘇格拉底開始，這類的善行一直都是偉大的思想家所關心的議題。人文科學、自然科學與神學領域的討論不斷，然而這種無私的慷慨卻從未在經濟理論中占據重要地位，因為從純粹理性的觀點來看，這樣的行為不合邏輯。受到約翰・彌爾（John Stuart Mill）以及亞當・斯密等思想家深遠影響的古典經濟學模型與善行並不合拍。

在《國富論》中，斯密寫道：「我們期待的晚餐並非來自屠夫、釀酒者或麵包師傅的恩惠，而是來自他們對自身利益的考量。」換言之，人依靠理性行動，以最少的資源換取最大的利益。人受到交易驅動買低賣高，只要有調節供需的市場存在，斯密那隻無形的經濟之手就會引導眾人走向繁榮。這種始終依據理性行動的理想消費者被稱為「經濟人」（Homo Economicus），指的是為了自身利益最大化而行動的個人。（原注15）

諷刺的是，經濟人主要的問題正是所有權。我們決定要擁有什麼東西，往往不符合自己的最大利益，還可能違反經濟利益。我們往往會高估自己擁有的東西或是與重要他者有關的東西，對此後面章節會再做討論。更棘手的問題是博愛與慷慨。人經常會把資源送給別人，即使不見得有回報的機會。我們看到他人有需要時也會願意伸出援手。就像尼可拉斯把自己的貼紙送給不認識的小朋友，我們通常都懷著善意對待陌生人，這一點與經濟人的交易原則完全背道而馳。

如果我們的經濟驅力是自利最大化，如果生理的必然性是就算以別人為代價也要把基因傳下去，如果生命是一場競爭，為什麼會有利他行為存在？為什麼世上處處可見慷慨的人與善行義舉？為什麼會有博愛之心？促使人類為善的動機是什麼？要回答這些問題，得從生理學去尋找答案。

你給我搔背，我替你抓癢

如我們所見，生理學可以解釋慷慨的行為，特別是有血緣關係的人。根據親屬選擇（kin selection）[1]理論，由於基因相似性所以我們幫助親人的可能性更高。但這不是唯一的機制。這個理論的盲點在於人類經常從事一些與基因無關的利社會行為。舉例來說，很多人都會捐血，但不知道接受自己血液的人是誰。幫助一個跟你沒有血緣關係的陌生人有什麼好處？

答案之一是共同利益。合作是社會性動物最重要的特性與優點。我們的祖先因為合作而學會獵殺諸如長毛象這類靠單打獨鬥絕不可能輕易制伏的大型動物。

1.編按：主張動物的利他行為通常發生在「親屬」間，由於親屬多少與自己有同樣的基因，如果犧牲自我利益可以提高親屬傳播基因的機會，最終將換來整個族群更好的存續。

其他社會性動物也知道共同努力的好處。狼群會合力捕捉體型比單一成員還要大的獵物。與我們血緣最近的黑猩猩也是一種群獵動物，會一起圍捕行動敏捷的紅疣猴。有時候獵物小且數量多，群體合作的行動更有效率。這種聯合行動中最罕見且壯觀的例子，莫過於座頭鯨的「水泡網」捕魚法：好幾隻座頭鯨會圍在魚群下方圈繞迷亂獵物，接著噴水在海洋表面形成大量氣泡困住魚群，最後再輪流游到魚陣中鯨吞獵物。

這些獵捕行動全都需要合作才能達成共同目標。然而，即使不需合捕獵物，動物也會分享食物。以南美的吸血蝙蝠為例。這種蝙蝠至少每隔四十八小時就必須吸取其他動物的血液為食，否則就會陷入飢餓狀態，然而並非每隻蝙蝠的出獵都能有所斬獲。若出現這樣的情況，就算不屬於同一家族的蝙蝠也會反芻血液幫助挨餓的同胞。

這樣的利他行為看似義舉，實際上卻是累積恩惠的策略。蝙蝠會注意那些曾幫助過自己的蝙蝠，在對方需要的時候加以回饋。針對動物園內的蝙蝠所進行的研究顯示，被刻意隔離挨餓的蝙蝠如果過去曾幫助同袍，其他蝙蝠也會對牠伸出援手，而向來自私的蝙蝠在需要食物時則很容易被排斥。（原注16）這種「互惠的利他」是一種讓個體能熬過艱困時期的演化策略。

在人類歷史上，互惠的利他行為已經成為必要的生存機制。演化心理學家麥可．托馬塞羅（Michael Tomasello）認為人類道德的起源，就是從分享共同努力所獲得的戰利品演化而來。（原注17）這種合作源於互相依賴。在演化的某個時點，早期的人類發現「眾志成城」的真諦。我們之所以互賴是因為協力的好處更大。我們知道放棄某些小我，透過合作來獲取更大的可能獎勵，對自己是有利的。

互惠的利他取決於記住哪些是有恩必報的人、哪些是忘恩負義者，否則占便宜的人就吃香。這個原則在所有權的概念中很重要，我們必須記住誰有什麼、誰還欠著我什麼。這種行為也會受生氣與憤怒的情緒驅動，我們對那些破壞規矩的人特別敏感。此外，還需要一顆社交腦才能記住他人，這種腦袋是那些懂得群體合作求生以及費心養育下一代的物種特質。通常較長的幼年期也會提供物種更多機會學習互助與欺騙。回頭看看吸血蝙蝠的例子。牠們也是一種社會性動物，相較於通常一個月大就得獨立的其他蝙蝠種類，吸血蝙蝠平均要花九個月養育下一代。能夠建立持久社會連結的物種也有這種長幼年期的情況，提供下一代學習機會，讓牠們知道如何辨識其他成員，以及怎麼做才能互惠互利。這也是為什麼社會性動物會花很多時間互相理毛；吸血蝙蝠也一樣，牠們互相理毛的時間比其他種類的蝙蝠多出十四倍。（原注18）這種行為絕非隨機不分對象，而是選擇性地針對那些曾有過互惠表現的個體。人類與其他靈長類動物也是如此。黑猩猩會花更多時間、更頻繁地為曾經幫自己理毛的同伴理毛。（原注19）理毛是「禮尚往來」這種行為的原始展現。

誠實的偽君子

如果小孩子認同並期待他人要公平，但他們自己卻做不到公平，顯然就有點虛偽了。孩子從嬰兒時期就認知到公平這件事，但在習慣分享前，還是需要其他人提醒才會分享。只不過很多時候小小孩比大小孩或成人都來得誠實。成人一般都自認公平，但是當取巧的報酬很高或者以為沒有人會發現時，往往就會變成偽君子。在一項研究中，研究者提供受試者兩個工作機會，一個可能有報酬，一個沒有報酬。在不記名的情況下，絕大部分（大約七到八成）的受測者都會把可獲利的工作分配給自己。（原注20）同樣的情況也發生在避免痛苦或懲罰的選擇。即使研究人員告知最公平的工作分配方式是擲銅板，結果大概也只有一半的人會選擇這麼做，其他人都表現出自利傾向，不是選擇最好的工作，就是迴避會觸電的工作。更讓人驚訝的是，在同意擲銅板的人當中，有高達九成的人依然把最好的工作留給自己；他們想要表現出公平的樣子，事實上卻在以為沒人會發現的情況下作弊。

自私的行為可以透過一些方式加以調節，特別是當一個人被注意的時候。舉例來說，只要看著鏡子就會讓人產生自我反省，而且研究顯示這麼做可以降低作弊的比例。（原注21）這種鏡像的自我反省所帶來的道德效果，與一個經典實驗的結果相呼應：萬聖節夜裡在裝著糖的大碗前面擺上一面鏡子，孩子就會少拿一點糖。（原注22）當我們認為有人在看著自己時，我們就會比較守規矩。如果害怕被抓到的心態規範著我們的行為，那麼宗教之所以對道德的培養產生影響，或許正是因為信徒相信神隨時都在看著他們。（原注23）世界上大多數的宗教在誡律與實踐上皆促進利社會性。我們普遍假設宗教會助長仁慈與慷慨之心，一如好撒瑪利亞人[2]寓言所展現的典範。

不過這種宗教道德觀有一個問題，那就是幾乎沒有證據顯示信仰虔誠者要比沒有信仰的人更慷慨大方。（原注24）許多宗教確實會投入慈善活動，但那種組織性的利他行動不一定是個人日常的作為。再者，在獨裁者賽局（Dictator Game）[3]中，有沒有宗教信仰的人慷慨程度並無差別，除非以隱約方式提醒神的存在。譬如，有信仰的參與者被要求解讀含有「靈」、「神性」、「神」、「神聖」或「先知」這些字詞的句子時，往往會表現得更慷慨。甚至連環境暗示都有效。（原注25）當穆斯林的喚拜聲響起時，馬拉喀什市場裡的摩洛哥商人會更願意捐錢做善事。（原注26）但這種慷慨不僅限於有信仰的人，如果能提醒大家「公民」、「陪審團」、「法院」、「警察」與「契約」等世俗理想，每個人都會變得更慷慨。（原注27）這些研究所顯現的是，我們生而帶著自利的心，但透過提醒我們可以有更多利社會的表現。

就算一個人在某種情境下展現出仁慈與慷慨，也不代表他在任何情況下都會

2.譯按：源於聖經路加福音裡耶穌說的故事，有個人遭強盜剝去衣服並被打到奄奄一息，經過他身邊的祭司和利未人都未多加理會，只有一個撒瑪利亞人在經過時幫他處理傷口與安排住宿。

3.編按：該理論是一個獨裁者與一個無權勢者之間分配一筆資產，當然最後的決定者是獨裁者。按照理性人的假設，他一定會獨吞，但實際上他不僅考慮資產多少，還會考慮名譽、地位與統治穩固與否。

如此。這種偽善表現被稱為「道德自我許可」（moral self-licensing），亦即一個人在某種情境下會依循道德行事，在另一種情境下則又做出不一致的行為。（原注28）曾經做過好事會讓人更安心地去做壞事，或者去做些平常因為於心有愧而避免做的事。志願在教會中協助募款幫助貧戶的人，可能不會捐助另一件善行。當受試者被要求寫下自己的優缺點時，那些說自己慷慨的人反而比較少捐獻愛心，而那些說自己糟糕的人卻捐得比較多。（原注29）

另外還有一種看似慷慨的社會隱憂，尤其表現在捐款上。每位大慈善家總是會有些以他們為名的建築、獎項、獎助金或病房。當然也有捐款者選擇匿名，但一般而言，大多數的捐贈者（以及他們的家人）都以大眾的感謝為傲——除非捐款人的資金來自不法所得。我們不妨想想十七世紀以奴隸交易致富的布里斯托商賈與慈善家愛德華・柯斯頓（Edward Colston）。整個布里斯托市到處都是以他為名的教堂、學校、會館與設施。不過他的名號沒有維持太久，因為許多人都認為這些紀念非常偽善，並成功遊說相關單位將這些建築更名，切斷與柯斯頓的關聯。

假設你的財富來源與捐贈立意都清白，那麼分享資源有助你建立與強化社會連結。這種行為代表了你的仁慈、慷慨、設身處地為他人著想，總之你就是個好人。沒有人喜歡吝嗇鬼或守財奴。不論宗教教義或古老智慧都告訴我們，要避免貪婪、貪財、嫉妒以及各種與追求物質財富相關的負面心態。許多父母也經常提醒子女要與人分享，因為分享會讓他們更受歡迎與被接納，反之則會遭到報應與排斥。

想要公平的心理

公平的反面當然就是有人想占便宜，而我們似乎隨時準備對這樣的人施予懲罰。我們不僅嚴防那些不分享的人，也會找機會要他們付出代價。試想下述的情境：你願意平白無故接受十塊美金嗎？為什麼不要？現在再假設另外一個情境，如果我給另一個人一百塊美元，他可以保留部分，前提是他必須跟你分享。那個人是否能拿到錢取決於你的決定，因為你才是掌控最終結果的人——這個情境的名稱就叫做「最後通牒賽局」（Ultimatum Game）[4]。現在，如果那個人給你十塊，而他自己保留九十，你願意接受嗎？

你的答案取決於你對對方的想法，以及你所處的環境。曾有一項滿懷雄心的研究，前往十五個小型社會進行最後通牒賽局的試驗。（原注30）結果各種狀況都有，因為在這個由陌生的西方人給錢的遊戲中，受測者都會拿自己文化中相似情況來做思考比較。在習慣餽贈的美拉尼西亞社會，提議者平均會把一半以上的錢給對方，但即使如此大方的表現，仍可能會遭到拒絕，理由是在他們的社會中，接受禮物，即使是自動送上門的禮物，都表示未來必須回禮。換言之，他們可能心想：「這一定有什麼問題。」另一個極端的例子是非洲坦尚尼亞的哈札（Hadza）部落，這些狩獵採集者往往只願意讓出一點點錢，但被拒絕的機率還是很高，因為他們極少與外人或陌生人合作、分享或交換。

在西方社會中，大多數提議者都會給出幾近一半的金額，而回應者則很少會接受低於二十塊美金的提議。若只給十塊美元，儘管討價與成交機會只有一次，往往還是會被拒絕。為什麼？在前述兩種情境下，人們都可以不勞而獲就拿到十

4.編按：由兩位參與者進行的非零和賽局。一方向另一方提出分配資源的方案，如果對方同意則按照方案進行；若不同意則兩人什麼都得不到。

塊美元，但在第二個情境裡，當提議者所給的金額低於總額百分之二十，有一半的回應者覺得不公平。腦部掃描影像顯示這種反應與情緒有關，這時候大腦活動的區域跟噁心等負面經驗的反應一樣。（原注31）在這種情況下人們會想要報復，也就是寧願付出代價去懲罰他人，也不願意平白接受好處。

最後通牒賽局顯然是一種偽善的情境，也揭露了深層人性。它同時挑戰了無私付出以及經濟人的概念，因為拒絕對方的提議既非出於仁慈，亦無關自我利益最大化。利他的人不應該在乎對方到底給多少，因為若拒絕了提議，最後兩個人一毛都拿不到；而經濟人理論上應該接受對方提出的任何金額，因為怎麼樣都比什麼都拿不到好。

拒絕接受提議的原因不是經濟因素，而是心理因素。當最後通牒賽局的分配者由電腦擔任時，不論電腦讓出多少錢，回應者都會接受。（原注32）似乎只有在對方同樣是人時，我們才會在乎對方給多少錢，這也是為什麼這個遊戲是探究公平心理的有趣一瞥。在另一個版本的遊戲中，提議者明白不管自己怎麼分配，回應者都不能拒絕；在這樣的情況下，提議者往往還是會給對方一定的金額。這表示我們的行為都受到公平性的指引，我們會把這個原則套用在其他人身上，卻不會用在機器上，也鮮少用在動物身上。而人類的近親黑猩猩在玩這個遊戲時，不管分配者給牠們多少，牠們都很開心。（原注33）

互惠其實是一種與他人分享，但在他人違反公平時會予以懲罰的傾向。還記得個人自私行動會威脅所有人未來的公地悲劇嗎？報復及害怕被懲罰會是解決公地悲劇的方式嗎？哈佛大學的數學生物學家馬丁．諾瓦克（Martin Nowak）認為，要解決公地悲劇的問題，報復既非常見手段，也不是最好的方法。在真實生活中，當我們認定其他人欺騙我們的時候，我們會選擇退出或拒絕合作。與其用懲罰的方式，諾瓦克發現解決公地悲劇的最佳方案是結合溝通、獎勵與所有權。

公地悲劇的問題在於我們似乎沒有機會懲罰其他人。事實上，要找出占便宜的人沒那麼容易。我們不喜歡被騙，這種行為也惹人生氣，但到底誰是壞人？你知道誰逃漏稅嗎？這種事情不是大家會輕易承認的。因此諾瓦克認為，既然大家都受到共同利益驅動，那麼最好的方式是獎勵貢獻者，給他們擁有權。也就是透過法律制裁欺騙，但藉由聲譽的力量鼓勵合作。意識到自己是團體的一份子，對多數人而言都會產生正向的驅力，這也表示：一、其他人會更喜歡你；二、你更不可能違反規定。諾瓦克在他的著作《超級合作者》（*SuperCooperators*）中主張，給高生產力的員工獎金，效果遠勝於扣生產低落的員工薪水。（原注34）讓大家為共同成果努力的更大動機，是共享所有權。當我們相信大家可以一起達成共同目標的時候，我們會更願意分享。

第一章提到政治民粹主義時，曾稍微論及報復的機會。我們或許不會經常有機會懲罰別人，卻可以透過選票表達自己的憤怒。（原注35）二〇一六年，耶魯大學心理學家茉莉．克勞凱特（Molly Crockett）在《衛報》社論寫道，經濟賽局中的人類行為有助我們瞭解，為什麼英國社會最不富有的階層會投票贊成脫歐，即使專家警告這麼做可能會帶來更嚴重的負面影響。公投時，假消息滿天飛，人人都充滿不確定感，以致選民無法充分吸收資訊後再做出對自己最有利的決定。不過就算他們真的經過深思熟慮，許多人可能依然會投票贊成改變，因為唯有改變才能打擊那些掌權的人。他們心想，反正處境不會更糟了，而且起碼還有機會展現對這個壓迫體制的憤怒。其他贊成脫歐的人則感覺自己正在失去對國家的掌控，他們對於主權和傳統價值的流失感到氣憤。這兩個族群都想透過支持脫歐表達他們的憤怒。

這種自我表達的需求亦可見於最後通牒賽局裡的行為表現。那些最可能拒絕提議的人，往往也會支持「家務事不要別人插手」、「我們不用聽別人指揮」這類脫歐者所高喊的情緒性主張。（原注36）值得注意的是，表達憤怒的需求如此強烈，以致在「免罰賽局」（即使提議者被拒絕仍可保留金錢）中依然有人拒絕提議的金額。（原注37）換言之，如果我只讓出十塊美金，不論你的決定是什麼，我都可以保住九十塊美元——即使是這樣的情況，還是有人會拒絕拿錢，而且就算不公開決定也一樣。大家寧可選擇清高。

這個研究帶給政治界的弦外之音是，如果仔細傾聽支持脫歐者的想法，而非斥之為無知或任由情緒深化，那麼這些憤怒是可以避免的。再者，如果接受者可以與提議者溝通自己的憤怒，或許雙方更容易達成協議。（原注38）就算沮喪與氣憤無法被提議者聽到，只要能傳出去讓大家知道他們並非任人擺弄的軟骨頭，他們也會更願意接受。（原注39）就算沒有實際效果，但有抱怨的機會也足夠了，這樣會讓人產生重拾掌控權與所有權的幻覺。解決歧異的時候，報復並非重點，溝通才是關鍵。

克勞凱特的最後結論是嚴正警告我們，預測人類行為時不應仰賴經濟學；眾人所感受到的那種不公平，正是目前歐洲與美國各地民粹主義竄升的燃料。她說：「那些想要接地氣的人，必須確實理解人類有被傾聽的需要。」如果民主黨把她的警告聽進去該有多好；她的社論在二〇一六年七月刊出，就在川普勝選的四個月前。

讓我們團結一致

孩童對不公平的事很敏感，不過主要是針對別人而非自己的不公平，而且他們也不太情願分享。但是當他們知道必須共同努力才能獲得共同利益時，自發性的分享可以被激發出來。麥可．托馬塞羅與其同僚著手證明合作在人類利社會行為的演化過程中所扮演的角色。(原注40)實驗中，三歲小朋友兩兩一組，要合作拉扯兩根繩索才能拿到四顆彈珠。但研究人員暗中操控機器，讓其中一個孩子拿到三顆，另一個孩子只得到一顆。結果「幸運的」孩子都會拿一顆彈珠分給那個「倒楣的」孩子。不過當他們進行撿彈珠這類不需合作的遊戲時，就不會分享成果了。

沒有什麼比需要眾人協力才能克服的悲劇，更能激起人們的團結之心。二〇一七年英國倫敦與曼徹斯特遭到多起恐怖攻擊。每一起可怕事件都揭露了人性的黑暗面，竟然有人可以如此無情地傷害無辜的人。然而這些事件卻也展現了大眾願意對需要的人伸出援手。恐攻事件發生後，掀起一波支持生還者及受難者家屬的行動。亞莉安娜（Ariana Grande）音樂會爆炸事件後，曼徹斯特的捐血中心每小時都會接到超過一千通電話。（原注41）人們回應他人的苦難，願意盡己所能提供協助。

這種人道主義的反應在孩提時期就開始發展了。二〇〇八年造成八萬七千人死亡的汶川大地震發生時，有個研究團隊正在當地以獨裁者賽局對六到九歲的孩子做行為研究。（原注42）這個意料之外的機會，讓他們能夠在真實災難的環境下檢測孩子的利他行為。在大地震前，中國的孩子跟世界其他地方的孩子一樣：根據測驗結果，九歲的孩子要比六歲的孩子慷慨。但地震過後一個月，參與研究的孩子幾乎都無家可歸，景況艱困。這時他們所展現的利他行為有了改變。災區的六歲孩子變得更自私，願意分享的東西比地震前更少；但九歲的孩子則相反，他們甚至願意分享更多資源。大地震過後三年，他們的分享模式又回到典型，由此顯示慷慨的程度與逆境有關，可能是一種因應的機制。到了童年中期，我們學會拋開私欲，在他人需要協助時伸出援手。

財富給人權力。握有愈來愈多的所有權會帶來愈來愈多的優勢，富裕階級擁有貧窮階級無法接觸的機會，包括更好的教育、健康、居住、安定的環境，以及所有其他有助成功的因素。大多數的有錢人都會把這些優勢傳給下一代（也有些著名例外），但也有許多富有者透過政府介入或慈善方式，與其他人分享他們的財富。

解讀行為經濟學時，特別是慈善捐款，純粹的利他模型並不適用，取而代之的是非純粹的利他模式，亦即捐款者除了助人，也可以從中獲得慰藉；換言之，他們從付出的喜悅中體驗到「溫情」（warm glow）。（原注43）人因為自尊心、同理心、罪惡感、羞恥以及各種情緒狀態而有助人的傾向，是無法以標準的數學模型加以解釋的。

在人類活動的各個領域裡，我們都想要獲得與助人有關的正面經驗，避免與自責和愧疚有關的負面體驗。在一項設計巧妙的研究中，研究人員告訴受試者，只要他們參與研究就可以賺到十塊美元，事後他們也可以選擇把錢捐給慈善機構。（原注44）但有一個重要規則。研究者告知可能的捐款人，這些慈善機構只接受十塊美元的捐款，不可以多也不可以少。捐款差額會由負責計畫的實驗者補足。換言之，如果你捐四塊，實驗者就會補六塊湊足十美元。如果你決定不捐，慈善機構仍會從實驗者那兒得到十塊美元。儘管非強制性，結果仍有超過一半的人（百分之五十七）決定捐款，平均金額是兩塊美元。這麼做其實對慈善機構沒有額外好處，但多數人依然決定這樣做的主因是他們認為這麼做才是對的。

我們鼓勵孩子與他人分享，因為那是對的事情，但孩子們也發展出自己的責任感。幼童在兩歲時開始會意識到自己做錯事並體驗到負面情緒。這種感受究竟是源於別人告訴他這樣做不對，抑或是因為被懲罰，尚且不得而知，但大多數的孩子都會愈來愈擔心做錯事。他們會發展出罪惡感。

罪惡感是一種可以驅動行為的負面情緒。當我們施捨貧困者時，真的是出於善心嗎？做好事的動機有多大程度是出於利他而非自利？當林肯說：「當我行善時，我感覺很好；當我作惡時，我感覺很壞，這就是我的信仰。」他說的就是一般人對於道德的看法，這也是為什麼我們無法理解有人會如此殘酷。當我們自以為站在道德的制高點質問別人：「你怎麼可以這樣？」「你還有羞恥心嗎？」我們自己真的有比較好嗎？從小到大，社會規範與期待慢慢被納入我們的情緒系統，讓我們在付出時會感受到溫情，自省時的罪惡感則會讓人不好受。

透過內化他人的意見，我們會產生內在動機。我們會去做自己認為對的事，也因此會質疑別有用心或外部激勵的行為。這也是為什麼有償的愛心往往適得其反。以捐血為例，我們捐血時並不期待報酬。社會學家理查・提姆斯（Richard Titmuss）在其著作《禮物關係》（*The Gift Relationship*）中比較美國與歐洲的捐血服務後做出這樣的結論：買血的行為（美國的作法）很危險，因為這鼓勵了不應該輸血的人去賣血，也產生安全上的疑慮，如果這樣的作法引進英國，會讓人失去展現利他的內在動機，侵蝕國民醫療保健服務的共享基礎。（原注45）為了證實這樣的主張，瑞典的實驗人員進行了一項研究，研究者以自願、報酬七塊美元、將報酬捐給慈善團體等等三種方式請受測者捐血。結果與提姆斯的預測相符，當捐血有利可圖時，捐血人數反而大幅下降；但如果把利益捐給慈善機構，捐血者的數量則不變。（原注46）這種「排擠」效應會破壞原本的善意，因為它減損了善行的內在價值，這也是為什麼用金錢去買道德的行為往往被認為是下流的勾當。若以自願捐血和賣血者來進行前面提到這的捐款實驗，同樣由實驗者補齊十元捐款，不影響慈善機構總收入，相較之下自願者會因為溫情體驗而願意給出更多。（原注47）

這些好與不好的感覺從何而來？不是來自我們自己，而是其他每一個人。我們的驕傲來自想像團體的讚譽，我們的憤慨來自覺得被其他人欺騙。社會化如此強大，如此無所不在。想要有好的感覺，我們得在乎其他人的看法。從小我們就依賴父母的認同，進入青少年時期則執著於同儕的看法，成人後開始追求其他人的認可與那些塑造我們生活的其同價值——這些價值包括我們如何取得東西，以及當擁有這些東西時都怎麼運用。

經濟人掰掰

經濟人的理論看來無法解釋人類的行為，畢竟在許多情況下我們並不會追求利益最大化。就算是亞當．斯密這位經濟人理論的重量級支持者，在寫到道德的起源時亦清楚知道人的行為常常出於仁慈之心：

> 不論人可以自私到什麼程度，其本性中顯然有些原則會讓他去關心其他人，視他人的快樂為其責任，而他除了愉悅外別無所獲。當我們看到或想像其他不幸者的景況，所感受到的憐憫或同情……即使是社會中最惡劣與最鐵石心腸者，亦不缺這樣的惻隱之心。（原注48）

換言之，我們都看得出來不幸者的痛苦，而人性中有種特質會讓我們想要伸出援手。當然，我們可能會因為太常看見或無能為力而對他人的苦難無感，但當我們的行動被激起時，往往是一種心理的投射。當我們看到他人受苦，我們會設身處地想像如果是自己陷於那樣的景況會如何。這種心理反應已獲得神經科學的證實，人類的腦部會模仿並反射他人的困境，讓自己真實感受到對方部分的痛苦，腦部與痛苦反應相關的區域也會出現變化。在這樣的情況下，透過善行減少他人的痛苦也會降低我們自己的不安。（原注49）從這個角度來看，善行並非無私的利他，而是為了滿足自己的利益。

至於競爭的本能，照理說應該會讓人類在資源匱乏時變得更自私，因為不自私就活不下去。然而，災難似乎能夠帶出人類最美好的一面。當眾人攜手解決一個共同的問題，自然就會知道如何好好分配資源。相較於為了私利而行動，以群體之力面對共同的威脅似乎才是解決問題的王道。或許這就是戰爭會招來這麼多利他行為的原因。不論從什麼角度來看，戰爭都是不對的，然而我們可以理解當某些事件威脅到群體時，會激起共同的責任感。可惜氣候變遷這個人類最大的威脅，似乎尚未嚴重到讓所有國家感受到足夠的威脅進而攜手合作。我們可以理解發展中國家認為他們應該取得更多資源才公平，因為富有的工業化國家利用自然資源獲益已經有數百年的時間。每個社會都有機會讓它的人民過平安舒適的生活，這才是真正的公平。問題在於人永遠沒有真正的滿足。在下一章，我們將討論本書最核心的問題：為什麼我們想要的總是比需要的多？

第五章

擁有、財富與幸福

攀爬成功之梯

富有者以財富自豪，因為他認為財富理所當然會讓全世界的人注意到他……相反的，貧困者以貧窮為恥，他覺得貧窮將他排除在人們的視線之外，即使有人注意到，他們對他所承受的悲慘與痛苦也欠缺同感。

——亞當・斯密（原注1）

二〇一〇年，新德里的農夫亞達維花了八千美元請直升機把兒子送到僅僅兩哩外的婚宴場所，這件事在當地引起轟動，新聞甚至登上了遠在七千三百哩外的《紐約時報》。（原注2）亞達維是印度所謂的「暴發農」，出身貧困，因國家經濟蓬勃起飛而致富，花錢似乎毫無節制。他不久前才為了給兒子辦一場奢華婚禮，以十萬九千美元的價格出售三畝的農地。就算沒有這些天上掉下來的禮物，世界各地的貧困家庭也會把原本可用來購買生活必需品的很大部分收入拿去買奢侈品。家境愈窮困，購買非生活必需品的費用占所得比例愈高。（原注3）為什麼會這樣？

亞達維很奢侈，但他其實並非富有到可以輕易花費八千美元租用直升機，他這麼做只是為了讓賓客留下深刻印象。他也不是世上唯一會這樣做的人，許多人都會利用財富展現自大的訊號，甚至是那些照理來說不再需要表面虛榮的人。在唐納・川普於佛羅里達州舉辦的一場大型馬展上，珍妮佛・蓋茲（Jennifer Gates）第一次看到川普，對於川普突然從會場上消失，只為了二十分鐘後搭著直升機再度出現的舉動，她感到驚訝不已。她的父親，微軟創辦人比爾・蓋茲，對這件事的評論是，川普過去必定曾有被活動驅逐出場的經驗，所以他才會以如此盛大的方式回歸。（原注4）不論印度農人抑或美國億萬富翁皆如亞當・斯密所說的，看起來有錢和真的有錢兩者同樣重要。我們都喜歡炫耀，而財富是炫耀的一種好方式。

我們總是擁有很多東西，但似乎就是無法平息想要更多的渴望。這一點可清楚見於家庭消費以級數攀升的事實。詹姆斯・沃曼（James Wallman）在著作《物窒欲》（*Stuffocation*）（原注5）中提到，關鍵閃燃點[1]的時間，亦即家庭火災到達一個臨界點造成家中物品瞬間燃燒，三十年前大概需要二十八分鐘，現在已縮短

1. 編按：flashover point，指可燃物累積達到燃點之熱量時，就會同時起火，也是閃燃發生的時刻。

泰恩塔斯菲爾德大宅維多利亞風格的起居室（照片提供者：作者）

至三到四分鐘，原因就在於現在一般家庭的物品堆積量。累積家用品的傳統由來已久，請大家看看上面這張照片，一座位於英國薩默塞特郡的鄉間宅邸裡的起居室。

你可以找出多少樣東西？起居室裡有地毯、桌子、椅子、矮凳、沙發、櫃子、書桌、桌巾、墊子、鏡子、照片、畫作、素描圖、書、書架、蠟燭、燭臺、壁爐、燈、開關、手搖鈴、拆信刀、盤子、碗、花瓶、花架、瓶子、小雕像、裝飾品、各種尺寸的盒子，還有各式各樣的擺飾。我仔細研究過這張照片，數了數，屋子裡有超過一百種不同的東西，而且每次看都會看到新的東西。屋裡有些東西來自於亞洲和美洲，異國風十足。紅木、象牙與絲綢把整個房間點綴得華麗輝煌。這是大英帝國全盛期擁有最多海外屬地的寫照。

雖然這間起居室屬於富有人家，但這種堆滿東西的房間確實是當時許多中產階級家庭夢寐以求的。相較於《孤雛淚》、《小杜麗》、《小氣財神》等狄更斯筆下各種社會不公的故事裡生動鮮活的悲慘貧困與環境，這種富裕景況形成強烈的對比。這張照片同時也是工業革命的證據。屋裡許多東西都是英國工廠大量製造的商品。十九世紀時，大英帝國在工業輸出的成就上，令所有國家都難以望其項背。十八世紀蒸汽機的發明開啟了機械化革命，也拉開了西方世界工業化的序幕。工業革命前，大多數英國人都住在鄉間。他們或許不是地主，但相對自給自足，過著簡單的生活。小農將自己的牲口放養在公地上，這也表示大家都得看老天爺的臉色吃飯，天有不測風雲，生活也很辛苦。直到有了基本薪資的保障後，鄉間人口湧入城市，換上了工廠勞工的身分。隨著城市興起，人的欲望也興起。

消費擴張的結果

歷史學家向來把消費主義的興起和工業革命、廉價的大量生產連結在一起。然而，人類其實一直都想要擁有更多東西，特別是從異地來的、新奇且難以取得的東西。歷史學家法蘭克・川特曼（Frank Trentmann）在《爆買帝國》（*Empire of Things*）中細數過去五百年的消費主義，他認為消費主義遠在工業革命前就已存在。（原注6）「消費」（consumption）這個詞在過去就代表消耗資源的意思，而對於消費的關心更是從古就有。曾探討非物質世界的古希臘哲人柏拉圖就警告說，過於追求物質目標可能為社會帶來危險，而對於擁有太多的擔憂，數百年來始終在宗教以及不同派別的政治思想家之間迴響。他們害怕的不僅是無止境的擁有與社會不均所引起的道德爭議，還有砸錢購買外來商品所造成的經濟後果。

根據川特曼的說法，五百多年來，消費主義興起的燃料是愈來愈頻繁的交易，而非工業革命。開展新貿易路線與帝國主義擴張，讓消費者有更多機會可以購買更多東西。隨著貿易拓展，多數國家為了禁止人民購買外國貨品，甚且頒布了「限制消費」的法令；其立論根據在於花在外國貨品上的錢，都會降低本國產品的消費，這種憂慮至今依然普遍存在，而且許多國家也都實施國際貿易限制這種保護主義的作法。除此之外，限制消費的立法也存在社會因素。進口商品一般來說都更昂貴，因此成為菁英階層的身分象徵。而這樣的立法可以防止平民被誤認為仕紳。英國曾有一段時間禁止平民穿絲綢、食紅肉，或婚宴邀請超過一定人數的賓客。直到十八世紀工業革命後，這類立法幾乎都失效了。工業革命不過是讓早已穩固但怎麼都餵不飽的欲望胃口愈養愈大。其實根本不需要其他人多費唇舌推銷，每個人都想擁有更多東西，不論是否真正需要：這似乎是人類的一種基本欲望。

有錢人本來就具備購買能力，但工業革命製造出一個新的消費階級，他們也希望盡可能擁有更多的東西。在此之前，各式產品大多是手工製造，從勞動時間來看，成本高昂。舉例來說，紡織業在自動化生產前，一個紡紗的人力一次只能產出一捲紗線。一七六四年英國發明了多軸紡紗機，之後用水車運轉，一次可以生產一百捲紗線。機械化與蒸汽引擎的發明不僅加快了生產速度，也降低了勞動時數。

生產成本降低，產能大大增加。奧地利工程師雪倫・貝德（Sharon Beder）指出，一八六〇至一九二〇年間，美國人口成長了三倍，製造業的產出量卻增加了十二到十四倍，造成生產過剩的問題。（原注7）整個工業化的西方都出現相同的情況。崩降的生產成本代表需要的勞動時數減少，但相較於縮短工作天數，企業領導者決定提高工資，如此一來可以增加家戶的購買力，維持市場需求。

一九一〇至二九年是美國經濟的快速起飛期，平均薪資漲了四成。勞工們花更多錢買東西，也有更多錢湧入股票市場，市場投機造就了一顆無法持久的繁榮泡泡。這顆泡泡終於在一九二九年的華爾街股災中破滅，引發大蕭條與接踵而至的十年全球性經濟衰退。經歷二次大戰與多年的撙節生活後，由於勞工追求更高的薪資而非更短的工時，於是消費又再度攀升。生活的指標開始由大家可以買到什麼來定義。

在一九五〇與六〇這段所謂「黃金年代」中，愈來愈多女性投入職場，兒童保育的相關規定也愈來愈多。在這段期間，勞工追求更高薪資好購買更多東西，擁有什麼比工作是否令人滿意更重要。（原注8）在此之前，勞工以生產為傲，現在則以消費為目標。柴契爾夫人、雷根總統這些領導人鼓勵民眾掌控自己的生活，不要依賴他人。一九一四年，英國只有一成的家庭擁有自己的房子。一百年後，三分之二的英國房子都是家戶自有的。（原注9）個人所有權取代了國民住宅與公共服務，社會轉向更高度的個人自立。

在西方世界，我們目睹了八〇年代「貪婪真好」、「雅痞」的興起，這些現象全都反應在奧利佛・史東（Oliver Stone）的電影《華爾街：金錢萬歲》（*Wall Street*）的主人翁高登・蓋柯（Gordon Gekko）身上；這部電影對企業腐化做了極佳描繪。後來的政治政策也是積極鼓勵消費，一如當初一步步邁入大蕭條的路徑，二〇〇八年的金融危機可謂歷史重演。美國的次貸危機比金融危機早一年，是房市泡沫的直接結果；一般民眾因為房價上揚吃盡苦頭，金融界人士卻開心收割放款所賺進的大筆佣金。人民不想再租屋，而是想要擁有自己的房子，因為大家都說房產是成功的象徵。為了能買更多東西，只好去借更多錢，但是當銀行要收回貸款時，整個金融體系就崩潰了。每一次的經濟起落，導火線之一都是我們想要擁有更多我們其實根本不需要的東西。

炫耀性消費

工業革命所帶來的消費主義快速崛起並非無人批評。一八九九年經濟學家托斯登・范伯倫（Thorstein Veblen）就曾提到，銀湯匙與束身衣成為社會菁英階層的標誌。他以「炫耀性消費」（conspicuous consumption）這個詞來評論過度的消費主義，他表示大家願意購買更多昂貴商品，而非較廉價但功能性與價格相符的產品。他寫道：「動機是競爭，因為討人厭的比較所刺激，我們拚命想要超越跟自己同樣的人。」（原注10）換言之，消費者花錢買奢侈品，目的是要向周遭的人展現自己多麼富裕。為什麼我們會這麼做？原因在於演化生物學。

我們在第二章提到過，所有動物都為了生存而競爭。競爭也包括成功的繁衍，讓自己的基因可以世世代代傳遞下去。基因建構身體與頭腦，而身體與頭腦控制我們繁衍的行動。因此，除了存活，我們還要能繁衍。確保成功繁衍的一個方法就是擊敗競爭者，但這麼做會有受傷與死亡的風險；另一個策略是向異性展示自己有多棒，讓對方選擇你作為繁衍下一代的對象。

許多動物都演化出交配的訊號，包括彩色羽毛、造型複雜的角等等附屬品，還有誇張的行為像是大聲咆哮，或者如河豚或園丁鳥會做出繁複而優雅的求偶行為。這些身體特徵與賣力行動都必須付出代價，但必定值回票價，因為除非有所助益，否則天擇會淘汰這些變異。

訊號理論解釋了為什麼顯然不實用的特徵會是魅力的標記。雄孔雀無疑是這種昂貴訊號的典型代表，其複雜精緻的彩色扇狀尾羽是向異性表達他們擁有最佳基因的訊號。牠們的翎尾實在華麗到誇張，連達爾文都在一八六〇年寫下：「孔雀的尾羽讓我一看到就難受。」他之所以難受是因為那些翎尾對生存毫無幫助。它們太龐大了，還得耗費許多能量才能生長與維持，而且就像維多利亞時代的圈架裙襯一樣笨重，完全不符合行動效率。既然有如此多缺點，為什麼孔雀的尾巴還是會演化成那個樣子？

從牠們必須面對的危險與不便來看，沉重的羽毛裝飾明顯是個缺點，然而它們卻代表了強大的基因。舉例來說，翎尾上的眼狀斑紋愈多，代表孔雀的免疫系統愈強。(原注11)生病的孔雀會掉毛，不佳的健康狀態會反映在翎尾的華麗程度下滑。(原注12)再者，就算代價高昂的炫耀帶來了不利的條件，但較大的翎尾可是攸關其他更好的生存適應力。

訊號傳遞也會降低與對手直接對抗的必要性。就像先占權的演化是為了避免領域衝突，許多雄性動物會利用訊號來警告競爭者自己的優勢。姿態、咆哮、攻擊、濺起浪花或捶打胸部，全都是在展現出可能對競爭者造成的傷害，讓對方打消實際衝突的念頭。

人類同樣會展現訊號。我們有勻稱的身材、滑嫩的皮膚這類吸引潛在伴侶的身體特質。有些人的這些特質比其他人優秀，我們會說他們很美麗——當然，文化差異與個人偏好也要納入考慮。如果你長得不是特別吸睛，那麼擁有的財產就可以成為展示自己成功與作為配偶的能力。如果你不是天生的俊男美女，那麼你所擁有的東西可以彌補外觀上的不足。設計師服飾、昂貴的手錶，甚至直升機，都是展示成功特質的工具，增加別人對你的認可。

這種認為炫耀性消費是吸引潛在伴侶的生理學解釋，近來已獲得研究證實。該研究目的是要瞭解男性施打男性賀爾蒙睪丸激素後的效果。實驗中，研究人員會請受測者評估不同價值的手錶。（原注13）睪丸激素與男性的生殖與社交行為緊密相關，特別是競爭等攸關地位的行為。研究人員請男性受測者評估三支看起來一樣的手錶，但對它們的形容分別代表高品質、高效能與身分地位，施打了睪丸激素的受測者偏好代表身分的錶，而對照組對三支手錶的喜好度則是一樣的。人類會透過自己所擁有的東西來吸引配偶、恐嚇競爭對手，這也是為什麼炫耀性消費是社交行為的一種。

為悅人而容

全球的奢侈品市場總值預估高達一點二兆美元，其中個人用品就占了兩千八百五十億。（原注14）品牌是一種可辨識的身分，也是奢侈品的構成要素。區區一個簡單的品牌標誌就具有驚人的力量。在一項研究中，相較於穿著平價衣物的人，

佩戴奢侈品牌的人在應徵工作時更容易被錄取、更容易募到款，一般而言也更容易得到回應。（原注15）

為了捍衛品牌識別，製造商會告發詐欺與仿冒的人。消費者同樣重視真假。塔利雅·吉爾索和我在一個受測者超過八百名美國與印度成人的研究中，針對這一點進行測試。我們請受測者想像有臺複製機可以製造出與原品難分真假的贗品。（原注16）接著我們請他們為兩個產品定價，結果兩個國家的受測者所訂的原品價格都高於複製品，只不過美國受試者的價差更明顯。奢侈品亦然。大家購買奢侈品時都期待買到原廠貨，如果買到仿冒品，就算根本分辨不出來，也會有受騙上當的感覺。

為了成為有效的訊號，奢侈品本來就不應該是每個人都負擔得起的東西。這是奢侈品之所以獨特且能夠吸引購買者的原因。奢侈品傳達的訊號是菁英的特權與機會。我們在判斷一個人的背景時，會把這些訊號加總起來。如果你上的是一所名校，別人就會猜想你若不是來自於富有家庭，就是擁有他人所不及的能力。進入名校後，與同樣擁有這些特質的成功者相處，自然增加了可獲益的人脈管道。選擇另一條較公平的道路也行，但風險也較高。

如果你從來沒有這種機會或特權，你可以購買昂貴的東西釋放出假訊號，讓大家以為你是成功一族。再不然，你也可以假裝到變成真的，因為感覺快要成功往往也能增加成功的機會。甚至那些不需要假裝自己成功的人也可能發送出欺騙的訊號。演員查理辛（Charlie Sheen）說唐納．川普曾在一場晚宴上，當場把身上的白金鑽石袖扣拿下來送給他當作結婚禮物。（原注17）結果幾個月後他發現這套袖扣不過是廉價的假貨。不論鑽石袖扣是真是假，這種自發性的送禮行為是一種刻意傳達權勢的訊號。查理辛在電視上說出這個故事，是要證明這位總統的品格有問題，不過說起地位象徵的誘惑，我們所有人不都一個樣？

我們很容易因為膚淺的東西而對別人留下深刻印象並依此做出判斷，不過有時候奢侈品確實可以在心理層面上提振我們的自信心，從而有益我們的生活。穿著設計師品牌的服裝可以讓我們自我感覺更好，強化自我形象。當我們穿戴奢華服飾時會自覺特別不一樣，也更加注意自己的行為表現。奢侈品點燃了我們腦子裡的歡愉中樞。同樣一杯紅酒，如果你相信它很貴，你不僅會覺得嚐起來別具風味，腦袋裡與快樂經驗連結的反應系統也會更活躍；但若你相信它是便宜貨，則又是另外一回事。（原注18）重點在於你的想法，而非奢侈品本身。哈佛商學院教授法蘭西斯卡．吉諾（Francesca Gino）透過實驗表示，那些相信自己戴著假名牌太陽眼鏡的人（其實他們戴的是真品）會感覺自己像個騙子，而且更有可能在考試時作弊。（原注19）你可以一直假裝到變成真的，但內心深處你依然會覺得自己是個冒牌貨。

擁有奢侈品是財富的象徵，但諷刺的是，財富滿滿的人往往希望自己看起來平凡。所謂反訊號是指刻意展現出自己無須刻意去做任何事。在矽谷，穿著牛仔褲與球鞋幾乎成了讓人引以榮的事，而非昂貴的衣服或西裝；這種訊號代表相較於身分地位，你更在意技術實力。這種親民風格無疑是受到臉書老闆馬克．祖克柏（Mark Zuckerberg）招牌式的帽T與輕便穿著所影響。吉諾透過實驗顯示，非典型穿著所傳達的反訊息，在適當情況下反而可以得到更好的評價。在一項研究中，她請在米蘭高級設計師服裝店裡工作的助理評價兩位顧客，其中一位穿著運動服，另一位則穿著禮服與毛草。（原注20）相較於一般人，這些助理認為穿著運動服的客人消費力更高；他們的判斷主要是根據過往經驗，因為有錢人往往會釋放出反訊息。

當一個人是刻意違反常規時，反訊息才有可能成為一種挑戰與自信的訊號。研究顯示，在知名大學裡，穿著T恤、蓄著鬍子的教授要比打扮體面的老師更受學生的敬重；但在不是那麼前段班的大學，情況正好相反。吉諾稱此為「紅色運動鞋效應」（red sneaker effect）——有次她穿著紅色運動鞋搭配正式套裝參加一場研討會，結果與會企業主都以為她的收費更高、客戶名單更多。（原注21）當斯碧爾・謝波德（Cybill Lynne Shepherd）這位一線女演員穿著橘色球鞋參加一九八五年的奧斯卡金像獎，並宣稱這樣比較舒服時，同樣展現了這種效應。如果她只是一個沒名氣的演員，只能默默忍受高跟鞋的不適，無法傳達出她自認已經可以隨心所欲愛穿什麼就穿什麼，別人根本無法拿她怎麼樣的訊號。

奢侈品製造商都會面臨的一個問題是，他們想要盡可能提高銷量，但如果人人都擁有他們的商品，那麼眾人就不會再認為這個東西值得崇尚了。二〇〇〇年代初，英國的高級服飾品牌 Burberry 遭逢嚴重的市場衰退，因為它的招牌格紋深受趕時髦但品味不佳的年輕族群（chavs）喜愛，可是如此一來便嚴重破壞其品牌價值，最後他們只好提高產品售價轉向高級消費市場。（原注22）

奢侈品訊號的另一個問題是，商品很容易被仿冒或短暫擁有。只要找對門路，你就可以租到奢華服飾與車子。這種炫耀性的品牌價值隨價格上揚，但也有其門檻，超過那個界線真正的有錢人就寧願人家不知道他擁有。范伯倫認為有一種「不炫耀性消費」的諷刺轉折已經出現在高端市場，有一群人寧願付更多錢買高品質但更低調的商品。這些菁英商品已經轉向更細膩的品牌操作，譬如路易威登（Louis Vuitton）的高端商品已經看不到招牌標誌LV了。超級成功又超級有錢的人根本不需要與一般人比較，正如我們稍後將討論的，他們對於會引起大眾嫉妒的行為變得更加謹慎。不過這並沒有讓他們停止享受那些只有真正的菁英才買得起也才懂的微妙訊號。這也是為什麼相較於依賴大眾消費市場的許多主流奢侈品牌，愈來愈多高端品牌都不再出現會閃瞎人眼睛的品牌標誌了。（原注23）

我們不僅發送出財富狀態的訊號，還有我們想要塑造的美德與個人特質。慈善行為引發了一個關於助人動機的有趣問題。犬儒者認為良善的行為與犧牲奉獻源自於自私，而非慈悲之心，是人們想要利用「美德的訊號」來表達正向的個人特質，或者讓其他人知道我們是好人。這種現象舉世可見。人類學家艾瑞克・史密斯（Eric Smith）與瑞貝卡・柏德（Rebecca Bliege Bird）在澳洲北部的莫瑞安（Meriam）[2]族群中研究這種慷慨行為。（原注24）莫瑞安人會撿拾或獵捕龜類，在海龜築巢期，每個人都可以在海灘上撿拾到海龜，但只有最厲害的勇士才有辦法躍入大海中獵捕海龜。除了送給鄰居或用於慶宴，他們鮮少保留龜肉。而獵龜人並不期待日後從鄰居或其他族人那兒得到回饋，他們這麼做的用意是傳達美德與地位的訊號。由於獵殺海龜需要高超的技術，因此這樣的訊號特別有價值。他們的慷慨是無條件的，儘管每個人都知道那是一種訊號，也會讓人對他產生好的觀感。

財富為什麼無法帶來快樂？

炫耀性消費與訊號只是一種競爭的方式。我們購買奢侈品來展示自己的地

2.譯按：居住在澳洲北部外海托雷斯海峽群島（Torres Strait Islands）中莫瑞島的原住民。

位，結果卻造成了奢侈品狂熱的問題：花愈來愈多錢在奢侈品上只為了贏過別人。（原注25）這將是一場持續的戰鬥，因為永遠都會有人比我們更有錢。就算沒有人比我們更有錢了，我們也是糟糕的判斷者，就像第二章討論過的，一談到薪水，每個人都覺得自己受了委屈，認為別人都過得比自己好。如果我們為了賺更多錢和超越對手而努力增加自己的生產力，這可以說是有建設性的心態；然而如果我們老是覺得別人比自己好，付出一切也無法得到回報，那麼最後不只會感到失望，也無法從已經擁有的東西中得到快樂。

我們把優先次序弄錯了。相較於毫無節制地追求物質與財富，我們應該想想自己已經擁有什麼。看看下面兩個人，一個叫緹娜，一個叫瑪姬，你會喜歡哪一個？（如果性別對你來說很重要，可以用不同名字來取代。）

緹娜重視時間勝過金錢。她願意犧牲金錢以便擁有更多時間。舉例來說，她寧願工時短一點、少賺一點錢，也不願把時間都賣給工作只為了多賺一點錢。

瑪姬重視金錢勝過時間。她心甘情願犧牲自己的時間去賺更多錢。舉例來說，她寧願長時間工作好多賺點錢，也不願多點休息時間但少賺一點。

在一項受測人數超過四千五百人的研究中，認同時間勝過金錢的人要比反之者多很多。（原注26）這樣的結果實在奇怪，因為在各種調查中，受訪者若有選擇，通常寧願有更多錢而不是更多時間。當然，金錢勝過時間的現象也符合過去一百年間消費主義成長的趨勢。我們以為自己想要更多錢，但如果真的訪問通勤的上班族，他們會說自己寧願有更多的時間。（原注27）或許他們厭惡的是日復一日乏味的生活，但以金錢報酬來安慰自己，相信它能帶來更多的快樂。我們以為更多的金錢會讓我們更快樂，因為我們可以買更多東西，但我們真正應該珍惜的其實是時間的可貴。

很多人以盡可能多賺錢為人生目標，因為他們相信金錢就是快樂的祕訣。一九七〇年代約有一萬三千名大學新生參與一項調查訪問，研究人員詢問他們為什麼上大學。最普遍的答案是為了以後可以找到更好的工作和賺更多錢，不過那些自評為更重視物質的學生，二十年後平均來說對自己的生活更不滿意，患有精神疾病的比例也比較高。這項關連性研究顯示，那些最終擁有財富的人並不一定是最快樂的人；人們常以為經濟成功是快樂的根源，但事實並非如此。（原注28）

財富為什麼無法帶來快樂？為什麼我們不懂得欣賞已經擁有的東西，反而一直想要得到更多？要回答這個問題，必須把焦點從快樂轉到我們的大腦如何做決定。先來想想我們在日常生活中做出判斷的基本原則。其中一個原則就是相對論。相對論不僅是愛因斯坦描述宇宙時空的基本物理定律，也是地球生活最重要的組織原則。所有生物都根據相對比較的原則運作。即使是我們腦子裡最基本的單位，也是相對論的機器。

大腦是一套複雜的處理系統，它會把資訊分成不同的電脈衝活動，再經由腦細胞的網絡傳播，由此詮釋所接受到的刺激並產生我們所體驗到的思想與行動。透過這套複雜的大腦網絡，我們的身體可以和世界互動。腦細胞神經元透過不同的放電速度來進行資訊編碼。如果我們可以透過擴音器聽到單一神經元傳送的電力，聽起來會有點像測量放射線的蓋氏計數器，一開始是斷斷續續的爆裂聲，然後在接收到值得注意的訊息時，就會發出像機關槍一樣噠噠噠的聲響。

資訊就是透過這樣的方式被處理，然後依據活動分類儲存在大腦裡。不過神經細胞的閥值（threshold）[3]會隨著時間與活動不斷重複而改變。如果相同的訊號不斷送進來，最終放電的閥值會改變。換言之，大腦會學習，神經元網絡因此需要更大的刺激才會再產生反應。當我們重複體驗後，會逐漸感到習慣或厭煩，所以我們天生就有喜新厭舊的傾向，喜歡能夠引起我們興趣的新奇事物。由於大腦會感到厭煩，所以我們才會想要去尋找各種不同的新鮮體驗，從可以刺激神經元的簡單感官體驗，到豐富多樣的人類活動，譬如複雜的購物行為。不論體驗如何，我們永遠都在尋找新的東西。

新奇是消費者不斷尋找新產品的誘因之一。我們想要最新最酷的東西，因為我們對手上的東西已經感到厭煩，我們想要不一樣的。（原注29）廣告商想破頭要突顯商品「全新」或「進階」絕非偶然，因為唯有這樣消費者才會買單。我們腦子裡的注意力系統也會被新的獎勵吸引，讓我們產生想要和渴望。不過就像大部分體驗一樣，我們的快樂也會疲乏。一旦得到想要的東西，我們就會開始搜尋下一個最棒的東西，陷入所謂「享樂適應」（hedonic adaptation）[4]的循環。

3.編按：閾值的概念類似活化的標準，唯有達到這個值才會產生反應。
4.編按：當環境改變帶來快樂時，人們通常很快就會習慣改變，恢復到一般的快樂程度。

即使是最刺激的經驗，我們也有厭倦的一天。許多物種的性慾都會因為重複的性行為而降低，雄性特別明顯。而新奇可以引發「柯立芝效應」（Coolidge effect）。所謂柯立芝效應就是當新的性伴侶出現時，性慾與性行為能力可以重新提振。這種效應是色情產業如此發達的原因之一，因為它可以提供似乎取之不盡的新人來滿足顧客的性衝動。柯立芝效應的由來是，有一次柯立芝總統伉儷到農莊旅行，夫人觀察到一隻公雞頻繁地交配，隨從告訴她小公雞每天會交配數十次。據傳，柯立芝夫人說：「等總統過來時，把這件事情告訴他。」聽完這番話後，總統問說：「每次都是同一隻母雞嗎？」對方回答：「噢，不是的，總統先生，每次都是不同的母雞。」於是他吩咐說：「把這件事講給夫人聽。」

選擇正確的池塘

神經元的閾值現象也適用於整個大腦網絡，複雜行為的各個層面都可以被習慣與改變。每當你體驗到感動，不論是視覺、聽覺、味覺還是嗅覺，那種經驗總是相對的。換言之，所有判斷都來自於比較。我們每天都在做這樣的比較。人生就是一場不斷比較的旅程。無論你是處於疲憊或警覺、飽食或挨餓、無聊或興趣盎然、快樂或悲傷，全都是比較的問題。

正如經濟學家羅伯特．法蘭克（Robert H. Frank）所言，相對性是人類經濟行為的基本原則。在他的著作《選擇正確的池塘》（*Choosing the Right Pond*）中，（原注30）他認為我們的經濟決定是由地位主導，而地位是個不折不扣的相對性議題。這解釋了為什麼當鄰居家是二十坪而你家三十坪時，你會很開心，可是如果別人家是一百坪，你就算有五十坪也不會滿意；當同事賺兩萬五而你五萬時，你覺得很值得，但是當同事賺二十萬時，你就算有十萬薪水也不會滿足。（原注31）只要相對比別人多，就算實際上比較少也沒關係。我們拿別人來衡量自己的成功。

最令人訝異的一個例子，是一項針對奧運得獎選手所進行的情緒分析。（原注32）光是能夠取得參加奧運的資格，就已經是了不得的成就了，然而研究顯示，奧運選手即使得到了銀牌仍會感到失望。銀牌選手不開心是因為他們拿自己與金牌選手相比。相反的，銅牌選手會與沒有得獎的選手相比，因此他們對自己的表現更滿意，心情也比較愉悅。相對性是我們判斷成就感的方式。寧做小廟城隍，也不當大廟羅漢。

從吃飯到賽跑，我們所做的每件事都可以拿來和他人比較，其他人的存在完備了所謂社會助長（social facilitation）[5]的過程。（原注33）我們自認跑得很快，但究竟是不是真的跑很快，取決於其他人跑得有多快。就像那兩個看到獅子來要逃難的運動員，當我們在自我評價時，重要的是相對的比較，而非絕對的價值。

車子也是一個經典的相對論實例。許多人都會藉由車子的價值來彰顯自己的地位。昂貴的車子通常馬力更強、製造更精細、配備也更先進，可是最讓人印象深刻的還是它的價錢。綠燈起步時，相較於昂貴跑車，如果前車是一輛老爺車，更有可能被按喇叭。（原注34）這類奢侈品因為可以讓人在地位階梯上占有一席之地而被稱為「地位財」；地位財的價值是相對而非絕對的。購買奢侈品或許可以強化個人的地位認知，卻也會改變他人對持有者的看法。對於那些無法單單透過房子、職銜和教育來彰顯地位訊號的社會群體，這種昂貴且可攜帶的個人財產尤其重要。

5.編按：指因為別人在場而強化了個人的動機性行為。

我們執著於地位象徵不僅是因為「需要被接納」的心理需求，也是一種自我保護的方式。我們依賴彼此，所以孤立相對來說是一種脆弱，對身心健康都有影響。近年來人們開始重視一個值得關注的問題，那就是社會孤立會提高三成早逝的可能性，致病風險也高於肥胖或菸癮。（原注35）如果我們想要被關注，就必須傳遞訊號。我們都需要他人的尊重與賞識，這也是炫耀性消費對多數人來說都是強力訊號的原因。我們想要讓別人留下深刻印象，不僅是為了確保自己在群體中的地位，也是為了避免落入較不幸的社會底群而有被忽視的風險。

我們很在乎他人觀點與價值比較，這是一種基本的心理現象。根據心理學家李昂・費斯廷格（Leon Festinger）的社會比較理論，人類原本就會不斷與他人做比較。他在一九五四年的研討報告中指出，人對自己並沒有客觀的評價，因為大部分的能力標準都來自於與他人比較。（原注36）這樣的情況也適用於所有權。我們總是拿自己的財產與他人的財產做比較，不過他人卻不是隨便任何人。很少人會拿自己跟比爾・蓋茲或馬克・祖克柏相比。我們也不會去跟住在貧民窟的人做比較。我們拿來評斷自己的對象都是鄰居或同事，因為這些人和我們最接近。而且在心理上，我們一直扮演著生命舞臺上的銀牌選手。

閃亮文化

每個看過嘻哈音樂影帶的人，應該都對裡頭的黃金、跑車、美人和香檳不陌生。我們常常用「閃亮亮」（bling）來形容這些東西。值得注意的是，就算是負擔不起昂貴消費的人，為了得到這些夢想中的東西也願意做出各種犧牲，因為他們想要跟那些成功的人一樣。二〇〇七年，經濟學家發表了一份美國炫耀性消費與種族關係的研究，他們發現非裔與拉丁裔美國人花在珠寶首飾、車子、個人打扮與服飾上的可支配收入，比相同經濟階層的白人多出百分之二十五。（原注37）原因何在？

以嘻哈風格的標誌球鞋為例。「運動鞋」在十九世紀開始出現，當時是為了槌球遊戲以及在沙灘散步等活動，而專門採用多功能橡膠鞋底所設計的一種便鞋。這種便鞋在一九八〇年代因為與知名籃球員結合而達到高峰。一九八五年，耐吉推出以傳奇的芝加哥公牛隊球員麥可・喬丹為名的「空中飛人喬丹」（Air Jordan）系列的第一款鞋，其高價鞋款現在的售價高達一千多美元。目前最貴的球鞋是另一款耐吉系列「Air Mag」[6]，售價將近九千美元。

已經有好幾起搶劫與謀殺案和偷耐吉球鞋有關市場。為什麼有人會願意花那麼多錢買雙鞋，還因為它而讓自己有生命風險？首先，這些球鞋已經經過市場認證，是地位的象徵，所以想要擁有的欲望更高了。再者，擁有奢侈品會產生一種幸福感。就像之前提到的印度農夫，貧困者因為奢侈消費所得到的滿足要比有錢人高太多了。這樣的論調已經獲得印度一項分析對象超過三萬四千個家庭的研究所證實，該研究顯示炫耀性消費會帶來較高的主觀幸福感，這樣的效果在最窮困的家庭最顯著。（原注38）

然而，提到嘻哈文化必須先解釋一個種族刻板印象。為什麼相較於收入相當的白種人，美國的非裔與拉丁裔族群會把更多收入花在不必要的東西上？這個問題要看他們住在哪裡，而且要再度回到社會比較的問題。經濟學家觀察住在美國較富裕地區的非裔人口，發現他們花在炫耀性商品上的錢占收入比例較低。（原注39）

6.譯按：Air Mag 系列是《回到未來》電影中出現的鞋款的真實復刻版，二〇一一年上市，二〇一六年重新上市，兩次都採限量，第一版全球一千五百雙，第二版全球八十九雙。

換言之，住在貧困地區的少數族裔的奢侈品消費占收入比偏高。為什麼？

當你所屬的族群大多是窮人時，你會想要透過炫耀性消費讓自己變得與他們不一樣。不過如果你住在較富裕的區域，想要不一樣的感覺就沒有那麼強烈。非裔與拉丁裔美國人不會覺得自己有必要去跟有錢的白人鄰居做比較，因為他們各自所屬的群體並不相關。這樣的模式是否適用於其他族群？特別是住在不如美國富裕的其他國家，人們花在炫耀性商品上的錢會排擠健康與醫療服務這類基礎需求。答案是肯定的。南非社會最明顯的特徵就是社會群體內與群體之間的巨大差異。將相同的分析方式應用在一九九五與二〇〇五年超過七萬七千個分屬不同社會階層的家庭後，結果顯示有色人種在炫耀性消費商品與服務上花的錢，要比階級相當的白人家庭多百分之三十到五十，而愈窮的家庭炫耀性消費的比例愈高。(原注40)在嚴峻的環境下，傳遞訊號的重要性遠勝過基本需求的必要性。

炫耀的欲望可能會形成惡性循環。花在奢侈品上的錢無法像其他支出如教育投資，或許還有機會減緩貧富不均的問題。不過這樣的說法低估了美國種族問題的嚴重程度。根據經濟政策研究院（Economic Policy Institute）二〇一六年的一份報告，自一九七九年起，非裔人口與白種人的薪資差距持續擴大。（原注41）大學文憑無法拉近這個差距，非裔的男性大學畢業生正遭遇與白人之間最嚴重的不平等待遇。讓情況雪上加霜的是，數十年來經濟成長所帶來的所有利益，通通進了金字塔頂端那群人的口袋裡，他們絕大部分都是白人男性，因此加劇了本來就已經不利於少數種族的不平等狀態。

綠眼怪物[7]與高大罌粟花

嫉妒是七宗罪之一，而且特別註記在聖經的十誡中，要人們避免為之。「不可貪戀人的房屋；也不可貪戀人的妻子、僕婢、牛驢，並他一切所有的。」[8]猶太律法與可蘭經尤其警告想要別人的東西是很危險的。早在大量生產的年代之前，當時鄰里相聞，大家擁有的東西都不多，覬覦無可避免會導致競爭，一人之得必然是他人之失。

我們貪圖財物，嫉妒他人。嫉妒會產生怨憤的情緒，讓我們一直想著別人有

7.譯按：綠眼巨人為嫉妒之意，出自莎士比亞作品《奧賽羅》（*Othello*）。
8.譯按：聖經出埃及記第二十章第十七節。

什麼好處是我們所沒有的。這種負面情緒強烈到會導致我們寧願耗損自己也要讓對方不好過。（原注42）由此產生了一種因別人的不幸而快樂的特殊感受，德國人稱之為 *Schadenfreude*（幸災樂禍）。顯然嫉妒並不理性，不符合標準的經濟行為，而且會引發惡意的行動與想法。嫉妒在大腦的情緒迴路中會產生獨特的反應。（原注43）而人之所以嫉妒，是因為前述的相對性原則，我們嫉妒與我們相近的人，特別是他們的好運原本有可能降臨在我們頭上。

不過有時候與他人比較也會帶來激勵。亞里斯多德一開始就區分兩種不同的嫉妒：惡意嫉妒與善意嫉妒；前者是指嫉妒他人的成功，後者則指羨慕並希望加以仿效。有些語言用不同詞彙表達正面與負面的嫉妒。英文與義大利文的嫉妒只有一個字，但波蘭文與荷蘭文的嫉妒卻有兩個字。在荷蘭文中，有 *afgunst*（惡意嫉妒）與 *benijden*（善意嫉妒）。不論是哪種嫉妒，我們都感覺到自己擁有的與別人擁有的無法平衡。惡意嫉妒與 *Schadenfreude*（幸災樂禍）有關，善意嫉妒則沒有這樣的問題。（原注44）再者，這種不平衡會驅動不同的因應策略。若是惡意纏身，我們會傾向以掠奪他人的方式來改變不平衡——向下沉淪。（原注45）

而在善意嫉妒的情況下，我們比較願意努力去爭取別人所擁有的東西以求地位平等——向上提升。顯然惡意會造成你死我活的零和賽局，善意則會帶來良性競爭。過去我們被告誡說不要覬覦鄰人的財產，也不要過分炫耀；今日我們追求的則是善意嫉妒。我們希望他人的羨慕，而非嫉妒。

激起消費者的善意嫉妒，讓他們想要跟別人一樣擁有某樣東西，正是廣告商的目的。名人代言是刺激善意嫉妒的方式，因為我們會想要模仿自己羨慕的對象。在一個有關購買手機的行為研究中，研究人員請受測學生想像與同儕們一起工作時，有位同學正在展示他剛買的 **iPhone** 的最新功能。受測者要想像自己渴望獲得手機，同時他們也知道那位擁有者的相關資訊。（原注46）其中一組得到的訊息是，擁有者根本不配拿到那支手機，從而希望引發惡意的嫉妒；另一組則是被告知擁有者值得拿到那支手機，從而勾起善意的嫉妒；至於第三組則什麼訊息都沒給，只要求他們想想手機的好壞。結果相較於第一組受試者，第二組的人平均願意多支付一百美元以上購買相似的手機。而第一組受測者則寧願花**更多錢**買不一樣的黑莓機，只為了不想跟那個人一樣拿 **iPhone**。這個發現亦可解釋蘋果與非

蘋果使用者的品牌部落主義，以及團體認同其實高於客觀的產品價值。（原注47）

我們或許會嫉妒那些揮舞著成功戰利品的人，但論及社會比較，薪資可能是最具爭議的議題。二〇一七年，英國頂尖企業的高階主管與一般員工的平均薪資比是一百三十比一。換言之，一名普通員工賺的錢不到高階主管的百分之一。（原注48）在美國，這個差距更大。二〇一四年的數據顯示，企業執行長與一般職員的薪資比是三百五十四比一。（原注49）有些高階主管的年薪是一般勞工要花上一輩子時間才賺得到的錢。根據《今日美國》（*USA Today*）的報導，二〇一六年企業執行長的平均年薪是一千一百萬美元。（原注50）也難怪大眾都喜歡看到這些肥貓因為倒楣或醜聞而出糗。「肥貓」（fat cat）這個詞是一九二〇年代《巴爾的摩太陽報》（*Baltimore Sun*）記者法蘭克．肯特（Frank Kent）所發明的。當時他用這個詞形容那些希望藉由政治獻金而贏得公眾認同的富豪。醜聞會帶動報紙銷量不僅僅是因為話題刺激性，也因為它讓大家有機會看到位於社會高層的人從雲端跌落，從而讓他們對自己的生活覺得安慰些。這就是為什麼報紙不斷報導這類新聞，不斷誘發讀者的小確幸感。（原注51）

人們常常會批判那些在上位的人，這種現象被稱為「高罌粟花症候群」（tall poppy syndrome），典故出自史學家李維筆下的羅馬最後一任國王傲慢者塔昆（Tarquin the Proud）。有人問塔昆如何維繫權力，他拿出一根棍子，橫掃過花園中最高的罌粟花，意思就是處決最優秀的人。而現在拿棍子的人變成媒體，特別是在英國，媒體共謀將那些太受歡迎的人打回原形。

高罌粟花症候群在澳洲也很盛行。澳洲人以幽默自嘲聞名，這種特質源於他們不大願意誇耀自己的成就以免招忌。澳洲人甚至將功成名就的人稱為「高大的罌粟花」。二〇一七年時，正在竄紅的澳洲電視演員露比・羅斯（Ruby Rose）上塞斯・梅爾斯（Seth Meyers）的談話性節目時，反駁主持人說她「有名」，她說：「你這樣說會給我帶來很多麻煩……你會害死我。」（原注52）害怕惡意嫉妒是許多成功人士採取自貶策略的原因，目的就是防範潛在的批評。或者他們也會向那些可能表現出惡意嫉妒的人展現慷慨。傳統上，當一個玻里尼西亞漁夫捕到魚，而其他漁夫都沒捕到時，他就會把魚放走。如果沒這麼做，其他漁夫回到村子裡可能就會數落他的不是。

炫耀財富是一種成功的訊號，卻可能激起惡意嫉妒。所以你或許會預期，當貧富不均的問題變嚴重時，有錢人會更覺得內疚而想要採取行動，就像玻里尼西亞的漁夫。事實上，情況剛好相反。當富有者發現自己比鄰人優渥許多時，他們更不願意改善失衡狀態。這種違反直覺的效應，最初是由耶魯大學的心理學家古樂朋（Nicholas Christakis）觀察到。他在網路上創造了兩個虛擬世界，並設定一群網路公民住在兩組不同體系的「國家」。（原注53）其中一組的有錢人與窮人是隨機分配，分布在吉尼係數（Gini coefficient）[9]不等的三個社會。指數零表示絕對平等，亦即這個社會裡的每個人都地位相等；指數一百代表嚴重不均。世上最窮困的一些國家（譬如中非共和國）吉尼指數很高（六十一分），而最富有的國家（如丹麥）則很低（二十九分）。有趣的是，丹麥採行一種名為「洋特法則」（Law of Jante）的高罌粟行為準則，強調群體和諧勝於個人成就，不要以為你會比別人優秀。丹麥還有一種叫 *hygge*[10] 的觀念，意思是與人分享簡單事物的喜悅與滿足，這種精神也可說明為什麼北歐國家在快樂國度的排名都名列前茅。幾年前，*hygge* 在其他國家風行，許多暢銷書都是相關主題，大家都想透過

9. 編按：用來判斷所得分配與貧富差距程度。吉尼係數介於0與1之間，愈接近0表示貧富差距愈低，愈接近1則表示貧富差距愈高。吉尼指數則是將吉尼係數乘以100所得數據。
10. 譯按：字意為安逸、悠然的感覺，代表丹麥式的生活。

hygge 追尋快樂。另一個來自瑞典的詞彙 *lagom*，意思是「剛剛好就好」，傳達了斯堪地那維亞國家向來避免過度消費或炫耀性行為。

在古樂朋的虛擬世界中，一個社會的吉尼指數是零，一個是二十（接近北歐國家），第三個則是四十（與美國相當）。其中一組社會的人可以「看到」鄰居的財富，另一組則毫無所知。古樂朋及其團隊讓網路社會裡的人持續進行類似公地悲劇的合作遊戲，公民們可以選擇為群體的財富效力，也可以自私占便宜。結果決定行為的主因並非貧富差距的程度，而是他們是否看得到彼此的財富狀況。當財不露白時，富人與窮人會更團結努力，吉尼指數提升到大約十六。這是一種合作程度相當高的社會，典型就是北歐的社會狀態。然而財富一旦曝光，眾人的合作、友善與信任程度就會減半，不論原來的不均程度如何。甚至，當財富可見時，有錢者更容易剝削困窘的鄰人。當然，與玻里尼西亞漁夫不同的是，這是虛擬世界，所以背叛群體與剝削他人都不會造成實際傷害。但這個實驗顯示了，面對經濟失衡，無知就是福。實驗結果認為財富的訊號很容易擦槍走火。炫富帶來的不是善意嫉妒，太過招搖可能引來惡意嫉妒，助長反撲的勢力。

國家的財富

二次世界大戰後，好幾個經濟體都經歷了財富明顯增加，尤以美國為最。然而，正如經濟學家理查德．伊斯特林（Richard Easterlin）的觀察，這些國家的人民快樂程度似乎沒有跟著提升。（原注54）隨著財富上揚，快樂程度卻持平。一九七〇年代這種所謂「伊斯特林悖論」（Easterlin paradox）首先被證實，之後各國都做了廣泛研究，結果正反都有。英國與美國符合一般情況，也就是收入增加並沒有讓人覺得更幸福。事實上，許多精神健康指數還出現逆成長。二〇〇六年，英國經濟學家安德魯．奧斯瓦德（Andrew Oswald）在《金融時報》上撰文，批評當時的財政大臣戈登．布朗（Gordon Brown）追求經濟成長的策略就是一種伊斯特林悖論。（原注55）美國與英國都迎來了財富榮景，卻也雙雙經歷憂鬱症、工作壓力與自殺案例不斷增長。當時大家對於經濟政策帶來人民不幸的憂心之甚，讓一群備受尊重的學者寫出一篇宣言〈主觀幸福與不幸的國家指標準則〉（Guidelines for National Indicators of Subjective Well-Being and Ill-Being），主張心理健康優於

經濟成長。（原注56）

伊斯特林悖論至今依然是個爭論不休的議題，正反雙方都有證據支持自己的論點。各國在許多面向上迥異，使得經濟與心理健康的關係極難界定。人很複雜，因此要找出財富與快樂之間的關係也困難重重。心理學家丹尼爾・康納曼（Daniel Kahneman）與同僚安格斯・戴頓（Angus Deaton）在二〇一〇年發表了一篇根據四十五萬名美國成人的研究所提出的主觀幸福與收入分析報告。（原注57）他們以正向情感、不憂鬱以及感到沒有壓力的日子這三個問題詢問受測者的快樂程度。他們也要求受測者自評生活有多成功，標準從零到十，零代表「不可能再更糟了」，而十代表「不可能再更棒了」。

這份分析報告有兩個基本發現。首先，從快樂的角度來看，當年薪在七萬五千美元以下時，賺愈多，生活愈好；過了七萬五千美元的門檻，快樂值持平，多的收入對快樂並沒有影響。第二個重要發現是，收入增加確實會讓人覺得生活更成功。顯然財富與快樂的關係只能到達一定程度，超過之後金錢就沒有什麼效用了。不過窮人的生活滿意度顯然不如較富有的人，然而一如康納曼與戴頓的結論，高收入可以買到滿意生活，卻買不到快樂。換句話說，對生活來說，錢愈多愈好，但不一定會更快樂。儘管如此，多數人還是忍不住要追求更高的經濟成就。我們相信成功的判準端視你在社會階梯上爬得多高，即便那不見得會讓自己更快樂。

如果金錢買不到快樂，或許是因為沒有買對東西。現在有相當多的研究結果指出，花錢買體驗的滿足感遠高於買實際的東西——這就是「是什麼」與「有什麼」的差別。心理學家湯姆．吉洛維奇（Tom Gilovich）已證明，人們從度假、音樂會與用餐這類體驗式消費所得到的益處，要比服飾、珠寶與電子產品這類奢侈品消費更持久。（原注58）不論是事前期待和事後反思，都帶有這種滿足感。

原因之一可以再回到習慣的問題。我們買了東西之後常常就只是把它堆放在某個地方，但回憶卻常常會在心中被重新詮釋與上色。相較於最近買了什麼，我們更願意談論自己的經歷；相較於挑剔買回來的東西，回憶起各種經驗總是令人覺得美好。人們常常會透過美化的鏡頭回憶旅遊經驗，忘卻實際的艱辛與不順。一項研究訪問到迪士尼樂園（「世上最快樂的地方」）旅遊的父母都是如何回憶的，一般來說他們的經驗不外乎排長長的隊、到處都是哭鬧的小孩、炎熱的天氣等等。然而，經過時間沉澱，記憶中的迪士尼之旅變好玩了，而且還是個讓家人凝聚的機會。(原注59) 就像之前提到的，美好的過去源於糟糕的記憶。

我們之所以如此容易被唬弄是因為記憶不但不持久，還會隨著每次講述重新改造。心理學家伊莉莎白・羅芙托斯（Elizabeth Loftus）提到，由於時間流逝的影響以及每次回想都會修改記憶，最終連我們自己都無法分辨事實與想像。(原注60) 這是因為記憶被儲存在為多元經驗所建造的動態神經網絡中，儲存的內容會因為時間與新事件的發生而有所調整。如果為了讓他人印象深刻而重新講述，就會出現「波麗安娜效應」（Pollyanna Principle）。(原注61) 這個名稱出自伊蓮諾・波特（Eleanor Porter）一九一三年的同名著作，主人翁波麗安娜藉由「高興遊戲」（Glad Game），不論處在什麼樣的環境下都只看到美好的一面。現在我們稱這樣的狀況為正向偏誤（positivity bias）。有了這樣的可鍛性，為了勝過他人的趣聞軼事，我們的回憶可以輕易被點綴增色。你是不是常聽到人們在比誰的經歷有趣，一個說得比一個精彩又神奇？「噢，你一定要去馬丘比丘，實在讓人大開眼界！這趟旅行是我們有史以來最棒的一次。」

就像奢侈品是尊貴的象徵，經驗也一樣。講述過去的經驗時，它就成了自我認同的一部分，可以增加我們的社會資本，也就是透過人際關係所累積的資源。相較於物質消費偏向個人行為，經驗在本質上就是和他人有關的事件。透過臉書、Instagram 這些社群平臺，我們可以展現自己的經驗有多特別。或許大家覺得這類資訊不過是單純的經驗分享，但在張貼這些絕妙的影像時，事實上我們就是在進行社交炫耀，很可能會招致嫉妒。至於嫉妒是善意或惡意，取決於朋友或關注者是否認為你值得那樣的經驗。

對於快樂的追求，若斬釘截鐵說我們應該把錢花在體驗上，其實是過度簡化了，因為唯有當經驗符合性格類型才會讓人感到開心。外向的人會把錢花在派對、聚餐，但對於內向的人而言，這類消費經驗可不容易。（原注62）這也是為什麼一份針對七萬六千筆銀行轉帳的分析結果顯示，內向的人因為買書所帶來的快樂要比上酒吧多得多。（原注63）我們必須檢視個人價值才能做出想要什麼的正確選擇。

追求體驗像是一種無拘無束、非物質的享樂主義，沒有房貸、沒有承諾，無事一身輕。現實中，這樣的經驗追求者往往都非常富裕，擁有足夠的財富去享受自由奔放的生活，必要時可將物質需求委外。這並非所有人都能過的生活模式。最近一項針對消費與快樂的大規模研究分析顯示，相較於物質採買，有錢人確實很享受體驗式的消費，（原注64）因為掌握豐富資源的人，本來就負擔得起讓自己過得更好的體驗。

此外，體驗式消費比物質消費更環保的概念其實需要仔細檢驗。舉例來說，旅遊業蓬勃發展。過去五年，旅客與英國居民在不列顛群島之間往返的頻率，每年都以百分之五至十的速度增長。（原注65）短期民宿、線上租屋平臺都對觀光旅遊有所挹注，連帶的碳足跡也一併成長。愈來愈多千禧世代無法負擔房貸因此頻繁搬家，也成為體驗式消費增加的原因之一。根據《富比士》雜誌的報導，相較於五成九的戰後嬰兒潮人口，千禧寶寶中有七成八的人寧願花錢買體驗，而不是買實質的商品。（原注66）如果你家的東西多到令人煩惱，那麼搬家絕對是件苦差事。可是消費從實質轉向體驗並不一定表示消費降低。想想那些我們在旅程中期待用到的全新亞麻製品、一次性的盥洗用品、食物、冷暖氣以及各種奢侈品，就可以知道飯店是多麼浪費。為了服務旅客，美國飯店每天要丟棄兩百萬塊肥皂，而飯店業百分之五十的垃圾是食物，每年消耗成本高達兩千一百八十億。（原注67）

全球旅遊業的產值上看一點二兆美元。之前專家估計旅遊業的碳足跡大概占全球二氧化碳排放總量的百分之二點五到三。但最近一份針對一百六十國的旅遊業研究發現，在二〇〇九至一三年間，旅遊業的碳足跡較之前估計的增加了四倍，累計達到全球溫室氣體排放總量的百分之八。（原注68）交通、採買與食物是碳足跡增加的主因，而且大部分是來自富裕國家的人民。研究者表示，旅遊需求的快速成長事實上已經超越我們針對旅遊相關活動所設定的減碳目標。

我們必須找到更好的方式來安排自己的時間以及消耗有限的資源。或許你依然以為如果可以擁有更多東西，生活就會讓人更滿意，但針對生活滿意度與快樂所做的研究卻顯示，一旦到達中等收入，我們就不會再因為更多的物質而變得更開心。不論是透過擁有或體驗，我們其實一直在追求可以讓自己有所不同的東西。我們仍然想要展現地位訊號，讓別人知道我們是誰。

第六章

我們擁有什麼，我們就是什麼

延伸的自我

內斯瑞特·杜蘭尼（Nusrat Durrani）看起來像個搖滾明星。二〇一七年我和他見面時，他的身分是電視臺的資深執行製作，不過就算你不知道他的身分，光看他的樣子大概也猜得到他在娛樂圈工作。他穿著設計師品牌的服裝，大多是黑色或皮衣，配上苗條的身材，一頭黑色長髮又戴著墨鏡，活脫脫是印度版喬伊·雷蒙（Joey Ramone）[1]。即使在威尼斯一場受邀才能參與的網路專業人士聚會，身邊滿是時尚達人、未來主義者、基金經理人與企業家，但內斯瑞特還是讓人眼睛一亮。只不過我們碰面的時候，他實在不怎麼體面。

那時候他剛從羅馬趕過來，但前一晚在羅馬的餐廳裡，幾名看準時機的小偷竊走了他的袋子。羅馬的失業率高達四成，小打小鬧和偷觀光客的東西已經成了沒錢人的主要收入來源。雖然丟了行囊很麻煩，但內斯瑞特是個有錢人，他有環遊世界的本錢，所以東西沒了隨便再買就有。原本他還輕鬆看待這起事件，態度冷靜自持。不過接下來幾天，他卻因這件事愈來愈焦躁。就像生命中許多不請自

1. 編按：美國龐克搖滾樂團 Ramones 的主唱。

來的意外，遭遇竊盜一開始會讓人不知所措，接著就是愈來愈強烈的憤怒感。

內斯瑞特的反應很正常。不論多有錢，也不論多想保持冷靜優雅，被偷被搶所帶來的沮喪往往會強烈到令我們自己都覺得驚訝。這是因為我們所擁有的東西是我們自己的延伸。闖空門事件特別令人擔憂害怕，是因為這個行為侵犯到我們覺得安全的領域。在英國，有三分之二家中遭竊的受害者出現極度沮喪的情緒，併發噁心、焦慮、哭泣、顫抖以及一再回想等各種症狀。根據保險公司的報告，受害者平均大概要花上八個月的時間才能重獲安全感，但其中有八分之一的人情緒永遠難以平復。(原注1)讓受害者難過的不僅是財物的損失，還有一種強烈的被侵犯感。有人未經邀請就闖入我們的領域，損害我們的控制權。

當我們被迫放棄自己的東西時，這樣的損失也會令人難以承受。這種不願放手的情緒正是個人與所有物之間一種值得深思的關係。想想消費主義風行了二十多年後，在一九六〇年代後期起飛的倉儲空間出租業。每年都有更多的人把更多的東西擺進倉庫而非處理掉。現今美國的自助倉儲設施比麥當勞的分店還多，而且這些個人倉庫的租用者當中，有百分之六十五家裡都有車庫。(原注2)很多車庫其實都已經不再停放車子，而是堆滿屋裡塞不下的東西。為什麼我們不願意斷捨離？為什麼我們不斷以幾乎沒有價值的物品填滿這些空間呢？為什麼我們對自己所擁有的東西會產生這種特別的情感依附呢？

原因在於：我們是我們所擁有的。一八九〇年，北美地區的心理學之父威廉·詹姆斯（William James）寫下了「自我」是由我們所擁有的東西來定義：

> 從最廣義的角度來看，一個人的**自我**就是一切他**能夠**稱為屬於他的東西的總和，不僅僅是身體與心靈力量，也包括他的衣服、房子、妻子、孩子、祖先、朋友、名譽、工作、土地、遊艇和銀行帳戶。所有這一切都帶有情感意義。如果這些東西有所增加，他就會覺得成功；如果減少或消失，他就會感到沮喪。對每樣東西的情緒波動不見得都相同，但心情是一樣的。（原注3）

詹姆斯描述的是心理學家所稱的「自我建構」（self-construal），這是我們思考自己是誰的方法，以及失去擁有物會造成的情緒後果。我們把身心視為自己的一部分並不令人意外，畢竟還有誰可以主張這兩樣東西的所有權？不過詹姆斯的清單上有些東西對我們來說並非獨一無二，其他人也可能擁有。房子、土地和遊艇都是買來的資產，失去這些東西會造成如此深的影響就令人訝異了。

許多思想家都曾思考過我們與物質之間的關係。柏拉圖對於物質世界不屑一顧的態度眾所周知，他認為我們應該追求更高的非物質體驗。他主張「集體擁有」可促進眾人追求共同利益，避免私有財產因不公與竊盜所帶來的社會分裂。他那個永遠都在和老師爭辯的學生亞里斯多德就比較接地氣，強調研究物質世界的重要性；他認為私人所有權可以增進責任感，但也提及人們如何輕易生出嫉妒之心。兩千年後，法國哲學家沙特（Jean-Paul Sartre）主張我們之所以想要擁有，唯一的原因就是強化自我的感覺，而要知道我們是誰的唯一方式，就是觀察我們擁有什麼——差不多就是說我們必須透過我們所擁有的東西來表達自己。我們買的東西是成功的有形標記。就像美國的財富研究顯示，年收入達到七萬五千美元以上，也許無法為我們帶來更多的快樂，但看到自己擁有的東西可以更加肯定自己的成功。我們不僅透過擁有的東西向別人傳送訊號，也會發送訊號給自己，讓我們知道自己是誰。

沙特在《存在與虛無》（*L'être et le néant*）一書中，領悟到人被擁有的東西所定義：「我擁有的總和反映出我存在的總和……我就是我擁有的東西……屬於我的都是我自己。」（原注4）他提出這種現象出現的許多方式。首先，主張對某樣東西具有唯一的控制權，從而表示它是你的；這一點我們在孩童身上就可以看到證據。第二種方式與洛克的觀點一致，亦即憑空創造出一樣東西，就代表你擁有那樣東西。最後，沙特認為擁有可以激起熱情。

人們對擁有東西的熱情展現在不斷累積擁有。一七六九年，另一位法國哲學家德尼．狄德羅（Denis Diderot）寫下擁有如何影響人的行為。他買了一件他以為會讓自己很開心的奢華禮服，之後卻發現它讓他變得有多悲慘，甚至改變了他的人生。這件禮服不但沒有豐富他的生命，反而在它強烈的反襯下顯示出他原本擁有的東西有多糟糕。沒多久他發現自己得不斷購買可以配得上這件禮服的東西。問題是他並不富裕，消費不斷增加讓他變得更不快樂。相較於本來連在打掃時也能穿得自在的衣服，穿上這件禮服他什麼都不能做。他這麼寫道：

「我是舊服的主人，卻成了新服的奴隸。」人類學家格蘭特・麥可拉肯（Grant McCracken）發明了「狄德羅效應」這個詞，描述單一物品如何影響後續的購買行為。（原注5）舉例來說，如果你買了一樣奢侈品之後，你就會想要買更多這樣的東西，就算不是真的需要。許多零售商就利用狄德羅效應，宣傳說某樣新產品可以跟之前的產品相得益彰。這也是蘋果產品的訴求之一。根據麥可拉肯的理論，對許多人來說購買蘋果手機只是開始，它會讓購買者想要再去買其他的蘋果產品，因為它們反映的是一種身分認同。就算其他選擇也不錯，但若發出錯誤的認同訊息，消費者就比較不願意購買。

或許人對物的情感依附最極端的狀況是那些收藏者。收藏者對於他們的收藏品都投注了很深的情感。這些東西不僅具有經濟價值，更重要的是收藏者在搜集過程中所付出的努力與追求。有時候失去這些收藏品會令人無法承受。二〇一二年，德國當局發現隱居在慕尼黑的葛利特（Cornelius Gurlitt）收集了大量的藝術名作，總價值估計約十億美元。這些藝術品全是納粹在戰時從猶太人那兒搶來後轉賣給葛利特的父親，當初的售價相較於真正價值實在低之又低。葛利特認為保護這些收藏品是他的責任。他說看著警察查封他珍愛的收藏品時，對他的打擊要比失去父母或手足還要嚴重。葛利特告訴當局，保護這些東西的責任讓他變得「緊張、執著、孤立，與真實世界愈來愈疏遠」。（原注6）

一九五九年耶魯大學心理分析家厄尼斯特・皮林格（Ernst Prelinger）的實驗，是最早測試自我建構理論的研究之一。（原注7）他請受試者針對一百六十個項目以非自我和自我的方式進行分類，結果發現與自我關係最密切的是身心。不過個人擁有的東西與自我的關係，要比他人與自我的關係來得密切（這是非常西方的觀點）。當研究人員請孩童對相同的東西進行分類時，結果與成年人差不多，除了隨著年齡增長，能夠反映出我們與他人關係的東西益顯重要，這也是社會化的最佳證明。（原注8）

加拿大籍行銷大師羅素・貝爾克（Russell Belk）曾以一系列極具影響力的文章，闡述自我與所有物之間的關係，他大力擁護我們稱為「延伸的自我」（extended self）這個觀念。（原注9）以詹姆斯與沙特的研究為基礎，貝爾克提出了「延伸的自我」有四個發展階段。第一階段，嬰兒會區別自我與環境。第二階段，孩童懂得區別自我與他人的不同。第三階段，個人所擁有的東西有助青少年與成人處理自我認同的問題。第四階段，所有物可以讓年長者有延續之感，並做好死亡的準備。隨著年紀漸長，我們會更加珍視代表各種關係的東西，譬如紀念品、傳家寶以及照片，這些東西往往也是遇上火災時人們會想要搶救的東西。

藍調音樂傳奇比比金（B.B. King）以他那把名為「露西爾」（Lucille）的吉他著稱，他到哪兒都帶著它。他給吉他取名，是在一件意外之後。一九四九年他在阿肯色州接了一個短期的表演工作，有天現場兩名男子打了起來，踢翻了暖爐，整個演奏廳陷入火海，所有人被迫撤離。比比金一出來就發現自己那把價值三十塊美元的吉他被忘在舞臺上了，於是他又衝入火場救出那把吉他。隔天他得知那兩個男人是為了一個名叫露西爾的女孩打架，於是他便給自己的吉他（以及之後他所擁有的每一把吉他）取名露西爾，提醒自己絕不可以再為了一把吉他衝進火場，也不可以為了女人爭風吃醋。

商品崇拜

所有物是自我的延伸，然而科技發展代表我們與許多實體物的接觸會被數位取代而消失。網路興盛，實體照片與手寫信成了稀世珍寶。有趣的是，幾年前人們預測即將絕跡的黑膠唱片與線裝書，卻因為大家開始欣賞與懷舊而捲土重來。二〇一七年，隨著聽音樂的人回歸「實體音樂」，黑膠唱片的價格在英國創下二十五年來新高。（原注10）電子書銷量下滑同樣證明大家偏好紙本的趨勢。

造成這種鹹魚翻身現象的一個原因，是人們很難與無形體的東西產生情感連結。想要擁有以及掌握實體物的渴望，是戀物癖的一種表現型態。「戀物」一詞（fetishism，源於葡萄牙文*feitiço*，意思是魅力或魔法）是前往非洲的歐洲旅人開始使用的，他們注意到非洲人認為東西擁有超自然的力量並會加以膜拜。後來戀物癖就泛指人從無生命物體上所得到的情感滿足，好比貪戀各式衣服是戀物癖的極端表現之一。

戀物癖可能針對任何東西。馬克思在《資本論》（*Das Kapital*）第一章開宗明義就指出，商品崇拜是人與產品之間的心理關係。（原注11）他提到我們賦予產品的價值，來自於人們願意為它付出什麼。這樣的價值讓一個就算沒有實際用途的物品，也可以變成一種資產。因此在人類大部分的歷史裡，金、銀本來不具任何價值（後來發現對於電子產品用處頗大），卻因其稀有性與實用性而變成一種方便的貨幣形式，進而變得貴重。市場一旦認為某些商品很有價值，消費者就會發展出相應的情感。

高價物品會讓人想要擁有。觸摸著黃金，誰的心裡不會有激動的感覺？或許每天敲敲打打的金匠確實不會出現這樣的反應，但對大多數人來說，長久以來黃金始終是一種神奇的金屬，各種傳說與童話故事裡也充斥著觸摸黃金就會如何如何的情節。如果大家認為可以從實質接觸中獲得什麼，那麼戀物癖就說得通了。在奇想領域中，這種現象被視為正向感染，也就是相信透過接觸就有什麼好事會發生。這也是為什麼大家都想碰觸心目中渴望的東西。（原注12）有次我在他人引介下，有幸參觀劍橋三一學院的教職員休息室。在休息室裡的壁爐上，擺著一塊沒有任何防護的諾貝爾獎金牌，我們每個人都想握握那個獎牌。即使到了今天，鈔票本身的價值其實不高，但手中拿著一疊鈔票的感覺還是很不一樣。

事實上，正向感染具有真實的效果。如果告訴使用者他們手上的高爾夫球桿曾是二〇〇三年獲得公開賽冠軍的美國職業名將班・寇帝斯（Ben Curtis）的用桿，他們的表現會比那些對自己手上的球桿一無所知者好上許多。（原注13）手握名將球桿，不但擊球的命中率暴增，也更容易揮桿進洞。這種心理層面的士氣提振正好可以解釋幸運符的效用。帶著幸運符進考場的考生，在記憶與解題相關的測驗表現上，好過那些幸運符被沒收的考生。（原注14）這些例子都顯示了實際接觸想要的東西可以產生正向的心理作用。

僅僅是手上拿著錢，就能改變我們思考與行為的方式，只是不一定都是好的改變。研究金錢心理學的行為經濟學家凱薩琳・沃斯（Kathleen Vohs）就證明，不論是孩童或成人，握有現金會降低他們的利社會性以及與他人的互動，同時也會讓他們變得更自私。（原注15）就像托爾金的魔戒三部曲與哈比人書中那個可悲又詭異、緊抓著那只珍貴戒指不放的角色咕嚕，有些人對於自己的東西確實會產生心理的執著。從吝嗇鬼到毒梟、從《孤雛淚》裡的費根（Fagan）到《絕命毒師》（*Breaking Bad*）中的華特·懷特（Walter White），那些因為自己累積的財富而沾沾自喜的人，往往被形容為自私貪婪。

論及我們如何將所有物視為自我建構的一部分，羅素·貝爾克也認為我們其實進入一個奇想的國度：

> 我們視為自己一部分的所有物，往往也是那些我們認為最神奇的東西，包括香水、珠寶、服飾、食物、慰藉物、房子、交通工具、寵物、宗教聖像、藥品、禮物、傳家寶、古董、照片、紀念品與收藏品。（原注16）

近來貝爾克補充了這個概念，納入我們愈來愈倚賴且緊密相關的數位世界，以及過去二十年間發生的各種快速變化。（原注17）人們利用網路社群媒體改變自我建構，讓別人看見自己想要呈現的形象。社群網路令人憂心的一個問題是，使用者會提供與捏造不正確的個人資訊，只強調他們認為會讓其他人印象深刻的內容。這樣的網路宣傳創造出不切實際的期待，讓人以為別人都過得快樂又成功，從而讓脆弱的個人感到更加無力與無助。（原注18）在網路世界裡，我們可能會根據互動情境創造出不同版本的自我，我們會陷入各種自我的幻覺，不再只是一個固定不變也堅守本質的自我。（原注19）

數位平臺讓我們有揮灑的空間，確實也鼓勵了我們隨性分享一些吹噓、甚至令人難為情的個人資料。我們更容易在網路上進行社交炫耀，但這種源於數位科技的行為對自我建構卻是一種威脅。現在我們的記憶與體驗都以數位形式存在，不會褪色，還可以輕易存取與查證。上網確認某個人的背景資訊已經是時下相當普遍的作法。許多申請進入我實驗室工作的學生，得知我會查看他們在社群媒體上的個人資料與概況時都感到非常震驚，殊不知這已是職場常態。

體驗所帶來的滿足感更勝物質擁有，這樣的傾向也會受到數位記憶的影響。別忘了，之所以會有這種傾向是因為回憶總是美好的，而且會愈來愈美好。但數位時代可能會為我們摘下這層美化的濾鏡，在我們回憶時提醒我們事件的真正過程以及我們真正的模樣。

更令人擔心的是所謂的數位來世（digital afterlife）。大家持續透過網路為往生者獻上生日祝福，據預估，臉書上「死者」的個人資料與概況，僅僅在美國一年就增加約一百七十萬個。(原注20) 臉書為逝者開闢紀念帳戶，也有帳戶代理人的設計，讓其他人可以在使用者死後幫忙管理帳號。但相較於數位自我，死亡不過是個微不足道的小麻煩。諸如麻省理工學院學生創立的 Eterni.me 這類新興公司，製作出模擬死者偏好的演算系統，讓死者從黃泉貼文，使得喪親者依然能與死者有所連繫。即使我們不打算購買這樣的服務，但就像我妻子不願意處理掉她從父母那兒繼承的東西，悲傷的家屬在情感上實在很難捨棄已過世的家人留在網路上的資料。在網路上儲存百萬、千萬筆數位遺產會產生愈來愈多的檔案保存成本，因此必須設計一些財務模式讓這些資料維持運作。你或許覺得數位來世產業有些詭異，但死亡與虛擬自我都無可避免，因此牛津大學的道德學家主張必須訂定這個產業的指導原則。(原注21) 數位創新必然能在我們離開這個世界之後，持續延續那個沒有生命的自我。

WEIRD族群

由我們擁有什麼所定義的「延伸的自我」這個概念，充其量只是一種典型的西方現象。對心理學的主要批評之一是，它的研究範圍大多是過去六十年來針對美國大學白人學生所做的實驗，而這些學生之所以願意參與實驗是為了拿到學分。這群人被稱為WEIRD——由西方（Western）、教育（Educated）、工業化（Industrialized）、富有（Rich）、民主（Democratic）五個英文字的字首組成。[2]一項針對六份主流期刊上的研究報告所做的分析，發現幾乎所有參與研究的受試者都是WEIRD，但這樣的組成結構只占全球總人口約百分之十二。（原注22）

在文化差異的清單上，我們還可以再加上自我建構以及所有權的概念。心理學家李查·尼斯貝特（Richard Nisbett）在《思想的地理學》（*The Geography of Thought*）一書中主張，撇開政治意識型態不談，自我建構向來就有文化差異；廣義而言，就是所謂東西方文化的差異。（原注23）西方概念的自我比較偏向個人主義，而東方社會的自我更加互相依賴，或者說集體主義的色彩較為濃厚。西方價

2.譯按：這個縮寫組成的英文字意是怪異的。

值更強調獨立的自我，譬如「靠自己奮鬥成功」的人。個人財產、個人成就，以及更欣賞個人差異等等，都是西方自我中心觀點的一部分。

相對來說，東方社會在佛教與道家哲學長期薰陶下，強調的是沒有自我以及群體的重要。孩子從小就被教導說大我勝過小我。的確，相較於工業化西方國家的孩子，來自於鄉村集體文化的孩子會更願意公平且慷慨地分享。（原注24）東方社會更加重視群體的歸屬感，大家庭的生活方式也更為普遍。東方的家庭關係比西方緊密得多，在某些社會中還有祖父母、叔伯嬸姨、堂兄弟姊妹住在同一個屋簷下的多代同堂。

這些差異會反映在我們對自己的描述。舉例來說，在集體主義文化下長大的人，往往會透過與他人的關係來描述自己。我的學生珊卓．威爾岑（**Sandra Weltzien**）近來針對印度浦那市（**Pune**）的八歲兒童進行了一項研究。她請這些孩子說說他們覺得自己與眾不同的地方，結果發現他們提到的成就大多跟家人或朋友有關。典型的回答是：「我的算術很好，我媽媽覺得很驕傲。」相對的，英國布里斯托同年齡的孩子則不斷形容自己的特別之處，鮮少提及其他人。（原注25）

在某些文化中，這種人與人的關係甚至可以追溯到他們的祖先。研究紐西蘭毛利人的民族誌學者艾爾斯登．貝斯特（Elsdon Best）就注意到毛利人在提及自己的部落時常常會以第一人稱表示，譬如當他們描述一場可能發生於一百年前的戰事時，他們會說：「我們在那兒擊退了敵人。」（原注26）

這些廣義的刻板印象究竟是正確的描述，抑或只是概括的論述？許多實驗結果都支持東西方之間確實存在差異。強調個人與強調團體會產生不同的行為表現。連我們看待世界的方式，都會因為不同的文化傳承而有所差異。當研究人員給受測者看各種不同的魚類、岩石以及水底的景象時，日本學生與美國學生關注的焦點就完全不同。（原注27）在認知測驗中，受測者必須辨識水域的特徵，結果美國學生注意到的通常都是大魚，而日本學生則更關注周遭環境。日本學生多半會說照片是「一片湖水」，而美國學生有三倍的可能性會提到具體的東西，譬如「有一條往左邊游的大魚」。日本學生對於脈絡和關係更敏感。他們的不同詮釋可以透過簡單的圖示來證實。請參考左頁圖。

假設我先給你看最左邊的方形，再請你在右邊的方形裡把消失的線畫出來。

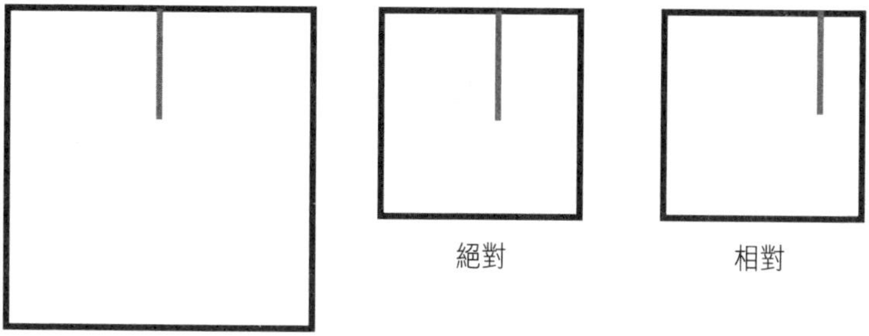

測驗時研究人員會先提示左邊的方形與線條，請受測者在右邊較小的方形裡畫線。西方國家的受測者在判斷線條的長度上比較正確（絕對）；東方國家的受測者則是在比例上比較正確（相對）

你有兩種畫線的方式，一是畫一條跟左邊同樣長度的線（絕對），二是依照直線與邊框的距離畫出這條線（相對）。測驗時，日本受測者的相對畫法比絕對畫法正確，而美國受測者則剛好相反。[原注28]這種現象顯示我們看待世界的方式存在著文化差異：不論是點或面，都反映出個體主義與集體主義的不同。

更值得注意的是，在進行這些包括複雜景象的視覺處理[原注29]、專注力[原注30]、心算能力[原注31]、自我反省[原注32]，以及判斷他人可能在想些什麼[原注33]的測試項目時，大腦的運作方式也會因為不同的文化背景而有所不同。所有這些證據都顯示我們的大腦有基本上的差異，只不過這些差異既非恆久不變，亦非天生的。事實上，我們可以利用一些刺激反應而暫時改變一個人的思考方式，譬如讓他閱讀一些強調個人主義或集體主義的故事、讓他們編輯一篇文稿，把稿子裡的「我」、「你」、「他們」等代名詞都圈出來。（原注34）僅僅把注意力重新放在自己或他人身上，就可以改變自我的建構。事實上，住在日本幾個月的美國學生，會從絕對的傾向變成相對的傾向，而住在美國的日本學生則反之。（原注35）

簡單的操縱就可以增加或降低自我中心的思考方式，而這種注意力的轉向反映出大腦的思考運作。（原注36）我們的大腦一直在回應與適應周遭的環境。仔細想想，這種生物文化性的大腦其實挺詭異的。西方人拜訪不同文化時，往往是用西方人的腦袋在思考、用西方人的眼睛去觀察。然而生物文化性的研究卻指出，當一個人在另一個文化裡生活得夠久，他的腦袋就會習慣用他們的方式來看這個世界。確實，隨著時間流轉，西方文化的自我建構也有了改變。舉例來說，在十七世紀強調個人主義的清教主義興起之前，英文中根本沒有以 self 作為字首的詞彙，如「自尊」（self-regard）、「自立更生」（self-made）。（原注37）自我建構的改變有部分原因是源自於人口分布從緊密的部落團體，變成了擁擠、競爭激烈的工業

化城市。（原注38）

歷史事件在這些文化差異中也插了一腳。美國文化之所以能夠強力培養出個人獨立與個人主義的一個原因，在於它的組成分子有許多是努力想要為自己創造更好生活的移民。美國的社會階級與價值是立基於功績主義，如同一七七六年的《獨立宣言》所宣示的：「我們認為這些真理是不言而喻的，人生而平等，生命、自由、追求幸福，是不可剝奪的權利。」這樣的政治哲理彰顯出每個人都有能力與權利去獲取成功，與許多移民所逃離的階級主義祖國形成強烈對比。在歐洲，一個人要麼出身權貴階級，要麼什麼都不是，沒有什麼個人努力的空間。事實上，社會流動也不歡迎個人成就高過家世身分。然而，在美國這片前殖民地區，個人命運掌握在自己手中，每個人都可以成就白手起家的美國夢。

不過就算在美國境內，自我建構亦各州有別，所反映的也是歷史差異。回到一九二〇年代，歷史學家斐德烈克・透納（Frederick Jackson Turner）主張，西部擴張與探險的行為，為「拓荒精神」這種自給自足的思維提供了養分，每個拓荒者為了生存都必須與荒野和其他人對抗。（原注39）研究結果也支持這種浪漫的觀點。集體主義傾向在美國南部各州最為強烈，而個人主義傾向則是以西部山區（Mountain West）[3]與大草原區最為明顯。（原注40）相較於居住在擁擠沿岸的人，來自遙遠中西部各州的人表現出更強烈的個人主義。像唐納．川普這種個人主義的極端代表，在大選期間受到以前邊境州的熱烈歡迎或許並非偶然。

對於這種自我建構的拓荒假設，最有力的證明大概要屬針對日本北海道居民所做的一項研究。（原注41）十八世紀以前，北海道還是一片人煙稀少的荒野。大約與美國拓荒同時期，日本的封建體制崩解，許多日本本島的居民遷移到北海道定居。就像美國西部的拓荒者一樣，最先定居北海道的幾批人下定決心展開新生活。儘管日本長久以來的社會傳統重視相互依賴和集體價值，然而北海道早期移民的後代在獨立與自我中心的實驗中得分卻很高；相較於住在本島的同胞，他們反而更像西方人。這樣的差異不僅是因為地理距離，群體建立的歷史其實影響更深遠。

當然，物會換，星會移。一項針對七十八個國家過去五十年發展所做的研究顯示，隨著經濟成長，全球的個人主義程度也不斷提升。（原注42）（即使在集體主義

3.譯按：又稱山區各州或內陸西區，指美國人口普查局的地理分區，一般來說涵蓋圍繞著落磯山脈的幾州，包括亞利桑納、科羅拉多、愛達荷、蒙大拿、內華達、新墨西哥、猶他與懷俄明州。

國家，「我」和「我的」這種用詞的使用頻率都明顯增加。）(原注43)財富愈多，對他人的依賴就愈少，這也是為什麼經濟獨立會造成離婚率、獨居，以及孩子不再照顧父母與祖父母的數字攀升。(原注44)看來要照著自己的意思走，似乎要付出昂貴的情感成本。如果全球各地的個人主義思維都在成長，勢必將影響個人把所有物視為自我建構的一部分。除非物質主義與個人主義切割，否則我們把財產當成地位象徵的問題只會愈來愈嚴重。而真若如此，我們還要避免過度消費所帶來的相關問題。

自私的我

有時候我們把自己的東西送給別人，是一種表現自我的方式。自我建構與我們擁有什麼相關，因為其中涉及我們如何看待自己擁有的東西，以及我們怎麼運用那些東西。我們有權與他人分享自己的資源，但不能跟別人分享不屬於我們的東西。若說所有權是自我建構的一部分，那麼個人主義與集體主義的文化差異就可以解釋不同的分享行為。相較於更常顧及他人的人，自我中心者比較不會對他人展露慷慨。

當父母的人都知道必須經常提醒孩子把東西與他人分享，因為人原本是非常自我中心的。在皮亞傑的描述中，小孩子的心靈世界是本位主義的世界，在角色取替的遊戲中就清楚展現這一點。在一項經典實驗中，研究人員安排稚齡孩童坐在一名成年人的對面。（原注45）孩子面前的桌上擺著山脈模型，三個不同顏色、不同大小的高峰，非常容易辨識，有些地方還有建築物或明顯的地標。研究人員把從不同角度拍攝這片山脈的照片拿給孩子們看，請他們從中挑選出他們眼裡看到的景象。此外，他們也請孩子挑一張對面那位大人眼裡看到的山脈景象。結果四歲以下的孩子所挑的照片，清一色都是從他們角度看到的畫面，根本不會考慮大人的方位。皮亞傑認為這個狀況顯現孩子們往往無法站在別人的立場思考，因為他們都太自我中心了。這也是為什麼這個年齡的孩子很少有自發性分享的行為。不過東方國家的孩子從很小開始就被鼓勵要分享，結果他們的分享意願確實高出西方孩子很多，完全反映出集體主義的成長環境。

值得注意的是，我們的自私心態其實從來沒有消失過。不論是孩子或大人，只要沒有人看到，慈善捐獻的金額都會變少。（原注46）孩子也會仿效大人的吝嗇行為，不論是美國都市裡的孩子或是印度鄉間的小朋友；但若大人展現出慷慨，印度的孩子會願意分享更多。其中一個原因是集體主義的社會更在乎聲譽，但個人主義社會的孩子就不太會考慮這個問題。（原注47）不過這種狀況也很容易被操縱。珊卓．威爾辛研究印度與英國小朋友的實驗，證明了只要請孩子們在分享前先談談自己，那麼兩地的孩子都會變得比較自私。這顯示我們對於擁有物的態度會受到外力刺激而改變。分享的行為具有彈性以及情境脈絡，也會受到他人期待所影響。

我們不太願意與他人分享自己的東西，原因並非沒有想到別人，而是因為我們想太多自己。每當我們想到自己就會變得比較任務導向，也就是會特別注意和自己有關的事物。（原注48）在一項大型的超市研究中，研究者請受測者根據顏色線索將一系列的食品雜貨與家用品分類放進紅色或藍色的籃子裡。接著請受測者想像自己可以得到其中一個籃子裡的東西，也就是說裡頭的物品全都是他的。分類結束後，研究人員測試看看受測者記得多少東西。從四歲大的孩子到成年人的實驗結果都一樣，他們記得更多他們可以帶回家的東西。（原注49）這種狀況被稱為「自我參照效應」（self-reference effect），亦即所有資訊都以和自己有關的方式被編碼，如此一來被記得的可能性更高。（原注50）

以自我參照的方式處理資訊所引發的大腦活動是在內側前額葉皮質（太陽穴位置），但若牽涉到擁有的東西，則同時會刺激側頂葉皮質（耳後上方），這塊區域的活動通常與解決問題相關。（原注51）換句話說，當大腦在處理一個資訊時，往往會加註所有權標籤，連動到當我們想到自己時會活躍的區塊。這也解釋了為什麼相較於東方人，這種自我參照效應與大腦網絡的激化在西方人身上更為明顯。（原注52）相反的，當想到其他人時，東方受測者大腦相關區塊的活躍程度就比西方人高。

如果東方人是以集體主義的角度理解這個世界，是否代表他們對於社會地位沒有那麼執著？若是如此，他們是否比較不會追求象徵地位的東西？恰恰相反，亞洲是奢侈品的主力市場。但透過炫耀性消費彰顯成功的行為，怎麼會與強調團體認知的傳統價值劃上等號？如果印度是個集體主義社會，那麼一個印度農家怎麼會願意耗費巨資在一趟直升機飛行？

行銷專家雪倫·夏維特（Sharon Shavitt）認為，除了個人主義和集體主義的面向，一個文化中還有垂直與平行的面向可以用來解釋這種明顯的矛盾。（原注53）垂直架構的個人主義文化包括了美國、英國與法國等等國家，人們透過競爭、成就與權力來區隔自己與他人。他們更可能認同「勝利代表一切」、「重要的是我做得比別人好」這類說法。然而，像瑞典、丹麥、挪威與澳洲這類平行結構的個人主義文化，人們自認獨立但與他人平等，他們更支持「靠人不如靠己」、「個人認同很重要」這類描述。反觀如日本、印度與韓國這種垂直社會階級的集體主義國家，人們重視的是服從政府、促進團體的凝聚力與地位，儘管有時要犧牲個人的利益。他們更可能會說，「就算犧牲個人目標也要照顧家人，因為那是我的責任」、「團體的決定最重要」。最後，平行結構的集體主義社會，如巴西與其他南美洲國家，他們的特徵是合群與平等主義，他們更認同「花時間與他人相處是件開心的事」、「同事的福祉對我來說很重要」。

生活在垂直結構的文化裡，不論是個人主義或集體主義，人們都會想要透過炫耀性消費來展現地位。而生活在平行結構的文化中，人們對於炫耀性消費以及擺顯行為較為反感，他們更樂於展現謙遜或成為眾多罌粟花之一。這樣的差異也說明了商人們為何需要對各國文化結構如此敏銳。在丹麥，廣告訴求的往往是個人認同與自我表達，而在美國這個有著垂直結構的個人主義社會，廣告內容更要強調地位與聲望。（原注54）

人出生時腦子大小都差不多，但愈來愈多的腦神經科學研究指出，文化性的自我建構會刺激不同的腦部區塊。這些反映出歷史、政治與哲學觀點等各種差異的個人發展，顯示大腦其實受到生物文化性影響，而非天生演化就如此。如果所有權是自我建構的重要部分，那麼決定孩子如何看待自己所擁有的東西，關鍵在於教養。

失去的可能性

若從取得和失去的角度來看，所有權理論上應該反映出理性的經濟選擇。數百年來，經濟學向來都是由諸如亞當・斯密及約翰・彌爾這類學者所提出的供需數學模式所掌控。然而，一如我們之前討論慈善捐款時所發現的情況，這種交易方式並未將人類行為的各個面向考慮進去。對於買賣的行為，人其實並不理性。好的商人不僅要能從情感表現上找到潛在客戶，還可以透過情感操縱來影響顧客的消費行為：「想想你擁有這個東西以後，看起來會有多酷！」這類強力推銷術永遠都是對準顧客的情感弱點。不過包括斯密與其他許多學者在內，都只根據理性與利益最大化來設想經濟運作的模型。這樣的情況被丹尼爾・康納曼與阿莫斯・特沃斯基（Amos Tversky）兩位以色列心理學家給翻轉了——當時他們正漫步耶路撒冷古城街道，思考人究竟如何做決定。

諾貝爾獎得主康納曼大多數的研究都是和他已過世的好友兼同僚特沃斯基合作進行的。他們兩人因為突破性與創新的成就而被稱為「心理學界的藍儂與麥卡尼」。（原注55）兩人的祖父都是猶太拉比，他們採用猶太傳統的辯證法討論各式問題，好比說：「應該拋銅板賭看看能否贏得一百塊，還是去押一場肯定可以贏回四十六塊的賭注？」他們不斷提出各種選擇的問題，探討人根據直覺會如何做決定。他們認為如果某些決定看似不證自明，那麼可能就適用於所有人。

這種檢驗心智思考的方式又叫做「內省法」（introspection），可以回溯到心理學正式成為一門科學的年代，當時如恩斯特．韋伯（Ernst Weber）與古斯塔夫．費希納（Gustav Fechner）等早期的執業醫師，已經開始針對知覺的主觀閾值進行系統化的研究，像是：燈光要多亮我們才看得到？語調要多大聲音量才能加倍？就像物理學家尋找可測量的經驗寫成數學方程式，這些認知領域的先驅以同樣的方式研究問題。他們是測量人類心智的**心理物理學家**。

康納曼與特沃斯基利用相同的內省法，檢視人對於風險、賭博以及其他金融交易的態度。一如早期德國心理物理學家對於人類認知的研究，康納曼與特沃斯基發現人面對失去與得到的態度具有系統性的偏見。舉個例子，假設有對雙胞胎，他們做著一樣的工作，對生命的態度和目標也一樣。兩人的一切完全相同。有一天，兩人的老闆說要給他們獎賞：獎金一萬塊或額外的十二天假期。雙胞胎要丟銅板決定誰拿錢、誰拿假。兩個人對結果都一樣開心。再假設一年後，老闆又來告訴他們獎賞要交換。一個會拿不到獎金，一個會沒有假期，兩人會有什麼感覺？

即使獎賞的價值相同，康納曼與特沃斯基指出，雙胞胎可能還是不願意交換獎勵。他們稱這種現象為「損失趨避」（loss aversion），這正是一般經濟學模式在這些情況下無法適用的原因。（原注56）兩種等值的資源，照理說應該可以隨時交換。然而資源一旦分配或為人所擁有，擁有者就不願意平白交換。在思考經濟決定時，必須將心理偏見納入考量。為什麼人的行為如此難以捉摸？

康納曼在其暢銷著作《快思慢想》（*Thinking, Fast and Slow*）中提到，（原注57）人類心智的決策是透過兩種方式運作，系統一快速而直觀，通常都是根據直覺行事；系統二則是緩慢而冗長，透過理性的邏輯與推論才做出決策。當我們在尋找解決方法時，會使用這兩種經常互相衝突的思考方式。標準的經濟模型是根據系統二中冷靜的邏輯與推論，但其實人們常常屈服於系統一反射性直覺的偏見，這也是為什麼若未將情感因素納入考慮，人的決策往往看起來不合理。一旦理解這兩種系統的差異，所有權的不理性層面就開始變得合理了。

輸不起的輸家

想想下述情境。拋擲一枚銅板，如果頭朝上，你就輸我十塊美元。而如果我輸了要給你多少錢，你才願意跟我賭？我猜你要的應該超過十塊，否則根本沒有意義。但多少錢會讓你想賭？

一般來說，大多數人至少都要能贏走二十塊才會願意賭。其實二十塊或一萬塊並非重點，總之至少要兩倍的回收才賭。為什麼？因為在我們心裡，失去的可能性會大過得到的可能性，所以除非得到的價值比失去多很多，我們才會願意嘗試。這又是系統一在作祟。想想買彩券的人，就可以看出這種損失趨避的傾向非常根深柢固。相較於丟銅板有一半贏的機率，彩券中獎的機會微乎其微，但與數百萬的獎金相比，一張彩券的價格根本不算什麼。在多數人的心裡，成為百萬富翁這個渺茫的機會，抵消了每週一張彩券的成本損失。對於冒險這回事，我們的經濟推論表現不佳，因此國家發行的彩券又被稱為「白痴稅」。

其實並非我們白痴，而是系統一在搞鬼。大家都愛夢想成為有錢人，這是賭博的原因之一。對許多人來說，一次大勝就可以讓他們擁有快樂美好的人生。顯然沒有人喜歡或渴望貧窮，但財富並不如我們以為的那樣總是可以帶來幸福美滿。早在一九七八年一個關於財富與快樂的權威性研究中，研究人員訪問了二十二位曾贏得五萬到一百萬美元不等的彩金得主。（原注58）隨機性的中獎機會讓他們不必工作或努力就可以得到大筆金錢。研究人員請中獎者評估自己在中獎前、目前，以及預期未來的快樂程度；同時也請他們評估有多少快樂是來自諸如與朋友聊天、看電視、受到讚美、買衣服等日常活動。為了對照，研究人員也詢問中獎者的鄰居相同的問題；這些鄰人當然不是輸家，但也確實不是贏家。不過儘管有了天上掉下來的禮物，贏得彩金的人並沒有比他們的鄰居過得更快樂，根據他們提供的答案，中獎者從日常生活中得到的快樂要比鄰居少很多。

這項距今已四十年的彩金得主研究，由於實在反直覺且影響深遠，因此不斷刺激更多的研究出現，也招致更多的爭議。近來瑞典有項針對三千名中過高額彩金的得主所做的研究（二〇一八年發表），與早期的研究發現似乎相反。（原注59）當被問及中獎後的生活（距離中獎至少過了五年），相較於那些沒有中獎的人，中獎者對於整體生活的滿意度顯然更高，主要是因為經濟煩惱都解決了。然而，如康納曼關於薪水的研究，滿意度並不等同於快樂。若是只看快樂與心理健康程度，中了大筆彩金並不會帶來明顯的提升。

賭博也透露出關於選擇權的有趣特質。如果是自己下的決定，那麼多數人都不太會改變心意。賭馬的人一旦下注，對下注那匹馬就會立刻信心大增。（原注60）選擇權讓人產生了掌控的錯覺，相較於電腦選號的彩券，人們更不願意交換自己選號的彩券。（原注61）他們相信如果是自己做的決定，比較可能中獎。就算有人拿錢要交換彩券，他們也不願意。（原注62）這不是因為他們認為自己很幸運，而是萬一換了彩券卻沒中獎，會比堅持自己選號但沒中獎難過得多。（原注63）再一次，情感主導了決策。

大多數人都不喜歡冒險，因為我們都怕輸。不是只有人類不喜歡冒險。若賭注太高，連最簡單的有機體都發展出了避險的策略。在演化的過程中，我們發展出一種抵抗冒險的偏見。「一鳥在手勝過二鳥在林」的諺語適用於大多數的動物。可是逃避所有冒險也不是好策略。就像之前提過的經濟遊戲，我們必須要能在風險與潛在的收益之間取得平衡，於是人類的演化策略就是具備足夠的彈性，透過適者生存的方式傳給下一代。

利用電腦模擬演算一千個世代間冒險者的繁衍成功率，結果厭惡冒險的族群中只有少數出現演化，特別是人數在一百五十或以下的族群。（原注64）一五〇這個數字對演化心理學的讀者來說應該相當熟悉，因為它符合鄧巴數（Dunbar's Number）。鄧巴數是取自演化心理學家羅賓・鄧巴（Robin Dunbar）之名，他計算出一五〇是原始人類共同生活的最佳人數規模。（原注65）另外，根據數學模型所計算出來的損失趨避的數字（林中必須至少有多少鳥兒，你才願意放掉手上那隻鳥）是二點二；這個數值與我們需要有二十塊才願意接受可能失去十塊賭注的結果相近。

並非所有人都討厭冒險。有項瑞典的研究，對象是共同成長與分開成長的三萬名同卵與異卵雙胞胎。研究人員想要確認人類行為受到環境、童年經驗的影響有多大，以及可透過基因預測的程度有多高。（原注66）若是股票投資這類涉及風險的經濟決定，研究顯示大約三成的冒險行為與生理遺傳有關。三成這個數字聽起來或許有些令人驚訝，但這也表示冒險行為的主要影響（剩餘的七成）並非由我們的基因控制，而是源於生活經驗。

攸關所有權的重要選擇不僅透過腦子裡冷靜計算的系統二來執行，也包含衝動直覺的系統一。（原注67）我們的大腦為了做出決策會衡量可能的得失，但得與失這兩個面向卻是透過不同的迴路處理。勝利的喜悅很迷人，卻不敵失去所帶來的沮喪與懊悔。當我們期待可以用好價格買到東西時，腦子裡被稱為腹側紋狀體的獎賞區塊會亮起來，正如期待其他正面經驗時的情況。（原注68）但面對可能損失的交易時，包括腦島與杏仁核在內的這些通常與悲傷經驗相關的迴路就會啟動。

除非是不能被情緒影響的專業交易人，否則我們的每一個決定都是在取得的歡愉與失去的痛苦之間做抉擇。這也解釋了為什麼吃止痛藥可以降低所有權人出售所有物的價格。（原注69）大腦神經成像甚至可以預測誰比較不喜歡冒險，因為他們聽到損失時所產生的神經反應比較強烈。（原注70）這種得與失之間的情感交戰，正是生意人向我們推銷那些我們不需要的東西時所倚賴的武器，因為他們知道訴求心理要比訴求腦袋更容易成功。

想要與需要是兩回事，因為前者涉及我們想要透過擁有來獲得心理的滿足。不過主導我們決策的力量，依然是我們對於可能失去的預測。論及我們所擁有的東西，害怕失去是很重要的行為驅力。

第七章 放手

一鳥在手

一九七〇年代初，身為經濟系的研究生，理查德．塞勒（Richard Thaler）提到他有位教授同時也是葡萄酒鑑賞家，而他在買賣葡萄酒時有兩個原則。第一，買入的價格絕對不會高於三十五塊美元；第二，賣出的價格絕對不低於一百美元。這個策略表示他永遠都會賺錢，可是想起來又不太合理。如果你花三十五塊買瓶酒，那麼考量所有成本因素，如運輸、通貨膨脹等等，確實應該以超過買價的金額出售。然而塞勒注意到，大家為自己的東西所訂的價格往往超過他人願意支付的金額。這種現象很明顯，而塞勒的觀察是行為經濟學這個領域的濫觴，最終為他贏得了二〇一七年的諾貝爾獎。

行為經濟學是將心理偏誤應用到經濟決策上，並納入人在做決定時的難以預測性，從而推翻商業的標準模型。在康納曼與特沃斯基的「展望理論」（prospect theory）中，明確指出人在決策時有一套用於推論的心理原則。（原注1）好比說在計算我們透過消費可以獲得的地位及短效的喜悅時，我們的大腦常常充滿偏見。而首先，如前所述，評估環境中的各種變化需要有個相對的參照點。不論得或失，我們的標準都是來自過去的經驗。經驗是由過去的事件塑造而成，從飲料的甜度到同一齣戲看很多遍會覺得無聊。還記得享樂適應嗎？我們會拿現在的經驗和過去習慣的一切相比。康納曼與特沃斯基提出的第二個原則，是所有的改變都和你現在擁有的價值有關。所以不僅過去的經驗有關，現在的狀況也很重要；餓肚子的人就算過去曾經富有，現在也會接受施捨。最後也是最重要的一個原則，是損失的可能性，它在我們心頭的重量遠大於得到的可能性。林中至少要有兩隻鳥，我們才有可能放掉手中的一隻鳥。

有了展望理論，許多經濟行為突然間就變得有道理了。在所有權這件事上，人並不理性。人天生就有高估自己所有物的傾向，這種傾向可以用損失趨避來解釋，就像展望理論所說的。又如擲銅板那麼簡單的賭注，平均來說，可能的收益必須至少是損失的兩倍才會讓人願意去賭。（原注2）這麼做似乎才是一筆好生意，交易雙方都想要把獲利最大化，不過歸根究柢原因還是在於所有權以及對損失的過度膨脹。

某樣東西一旦變成自己的，我們就會立即高估其價值。這種偏見稱為「稟賦效應」（endowment effect）（原注3），是行為經濟學最根本的現象之一。簡言之，我們期待賣出某樣東西的價格，會高於我們願意花多少錢取得相同的東西。賣與買之間永遠難以平衡，倘若交易的東西是私人物品則問題更嚴重。

有很多方法可以引發稟賦效應。競標會引來更多瘋狂的投標，這是大多數拍賣場都知道的手法。（原注4）拿著或觸碰你可能想要買的東西，會讓你更想要擁有它。（原注5）當銷售人員請你試穿衣服或試駕車子時，他們利用的就是稟賦效應——品嚐所有權的第一口滋味，藉此克服難纏的購買障礙。

稟賦效應雖然常見，卻並非放諸四海皆準。在一項引人注目的跨文化研究中，社會心理學家威廉．邁達克斯（William Maddux）與一個國際合作團隊針對來自於美國、加拿大、中國與日本等地的大學生進行測試。（原注6）研究人員指派這些學生擔任「買家」或「賣家」的角色。賣家要出售一個印有他們校徽的馬克杯，杯子是賣家的，定價則落在免費與十塊美元之間。買家則被詢問願意花多少錢購買杯子。一如預測，賣家的平均價格訂在四塊八毛三，而買家的平均出價則是兩塊三毛四。然而當研究人員分析學生的文化背景後，發現來自西方國家的賣家索價（五塊兩分）比買家的平均出價（一塊七毛八）高出更多。相反的，東方學生的索價（四塊六毛八）與開價（三塊八分）則更為相近。

接著是另一組中國學生，研究人員在交易前先操縱受測者的自我建構。他們請中國學生寫一篇描述同儕情誼的文章，或描述自己獨特的個性與能力，並闡述自己可能勝過其他人的地方。當受測學生描寫同儕時，稟賦效應會降低；若是描寫自己，稟賦效應則會增加。最後研究人員請各國學生撰寫杯子對自己有多重要或不重要的文章，藉此操作擁有者與所有物之間的關係。結果這種刻意的操作增強了西方學生的稟賦效應，製造出不一樣的效果；換句話說，強迫西方學生專注在自己的所有物，會讓他們更珍惜這個東西。相較之下，東方學生受影響的程度就沒那麼高。顯然稟賦效應並非必然，而是反映出我們如何思考我們所擁有的東西與受文化影響的自我建構有關。

如果稟賦效應是由文化決定，那麼在尚未受到文化薰陶的孩童身上，會有這種效應存在嗎？我們決定透過觀察孩子對玩具的珍惜程度，來檢視稟賦效應對

用來測試學齡前兒童對於玩具相對價值的微笑尺度

他們的影響。一般來說，西方國家的孩子要到五、六歲才會出現稟賦效應，（原注7）因此我們的研究對象鎖定三到四歲的幼童。這個年紀的孩子還無法理解價值的概念，但透過如上圖的微笑尺度，我們可以推測孩子相對的喜好程度。

珊卓・威爾岑和我讓小傢伙們把不同的玩具放在微笑尺度上，以便確認他們理解這個遊戲的玩法。然後我們給他們兩個完全一樣的陀螺，如果他們把兩個陀螺都放在相同的笑臉上，表示他們認為它們具有相同的價值。接著珊卓把其中一個陀螺送給受測小朋友，然後請他們畫一張自己、朋友或農莊的圖。畫完圖以後，她再請這些孩子評估玩具的價值，包括那兩個陀螺。結果就跟成人一樣，那些畫自己的孩子都認為手上的玩具比另一個長得一模一樣卻不屬於他們的玩具有價值多了。顯然我們可以在通常還沒有稟賦效應的孩子身上，誘發出這種效應。（原注8）

如果高估自己所擁有的東西與自我建構有關，那麼近來發現自閉症患者沒有稟賦效應這個事實也就說得通了。（原注9）自閉症患者的自我建構與一般人不同。高功能且沒有語言障礙的自閉症類群障礙者，對於使用第一人稱來表達自己會出現困難，（原注10）且自傳式記憶也受損。（原注11）或許這種心理性自我的差異，正是他們不像多數人會高估自己所有物的原因。

個人主義與集體主義所造成的自我建構差異，也可以解釋稟賦效應的文化變異。再次以坦尚尼亞的哈札部落為例，他們是世界上少數僅存的狩獵採集社會。就像前面章節所述，哈札部落的人擁有的東西不多，族群生活的原則是需求共享，部落人民在需要時可以取用沒有人在使用的東西。因此當研究人員利用文化上屬私有的物品進行交易實驗時，哈札部落的人沒有顯現出稟賦效應並不令人訝異。（原注12）

其中一個原因是狩獵採集者除了生活必需品外，幾乎沒有私人物品。他們不可能帶著很多東西到處遷移，因此私有物對他們來說並非重要的東西。這也是為什麼他們會發展出需求共享的方式，充分運用所有東西與資源。然而，有個有趣的例外，就是那些曾經受西方影響的哈札人。當人類學家研究這個亞族群時，發現經常與觀光客互動或曾有過市場交易經驗的哈札人會展現稟賦偏誤的現象。也就是說當他們被迫與外人交易時，也會顯露出稟賦效應。

成功的商人不能有太強烈的稟賦效應。如果他們總是把自己的貨品貼上高於市場行情的兩倍價格，很快就要關門大吉。這就是為什麼做生意的經驗會降低稟賦效應，讓人訂出更接近消費者願意支付的價格。（原注13）讓我們再回頭想想有關損失趨避的研究。相較於那些把交易視為損失的人，交易老手的大腦裡掌控負面經驗的腦島區反應較平緩。（原注14）不過我們還不確定究竟是經驗降低了稟賦效應，還是成功的商人其實從一開始就對自己的東西比較放得開手。稟賦效應也許是避免損失的系統一，但也可能會被文化價值以及獲利目標給影響了。

追求所帶來的刺激

我們一開始為什麼會想要擁有某樣東西？為什麼有人會說自己是購物狂？

你可能以為擁有會帶來滿足，但許多死忠買貨都可以證明，期待擁有才是最動人的。每個人都可以慢慢變得瘋狂，守法的公民也可能成為無法無天的暴民——這一點從愈來愈嚴重的「黑色星期五」[1]現象可以得到證明，購物人潮瘋搶特價品，以為買到就是賺到，為了搶到東西有人甚至遭到踩踏身亡。（原注15）

「一個人的自我就是一切他能夠稱為屬於他的東西的總和。」威廉・詹姆斯的這句名言被沙特改寫為：「人不是他已經擁有的總和，而是他尚未擁有以及可能擁有的總和。」對沙特來說，是目標追求而非擁有定義了我們是誰。沙特的見解與研究動機的神經科學所主張的一致。擁有和想要擁有是由不同的大腦機制所控制。被視為自我延伸的東西會被納入產生自我感覺的神經網絡中。（原注16）相反的，想要的東西可能會增進自我感覺，也會觸發回應創新與追求刺激的神經系統。舉例來說，如果你是個蘋果迷，當你看到蘋果最新產品上市時，就會產生「死都要有」的感覺。幾年前有段時間，我迷上收集從 eBay 上競標來的老電影海報。我會登入拍賣網站搜尋，但期待遠比實際收到海報來得令人振奮。我整整收集了五十多張海報後，才終於醒悟自己不可能把它們全都展示出來，於是追求的

1.編按：美國感恩節之後的那個星期五，是每年聖誕銷售的指標，也是一年中最重要的零售商機。

快感慢慢消退。

仔細想想，我們花在追求快樂的時間遠比實際享受快樂多得多。大部分快樂體驗的通則是新奇、新鮮，還記得柯立芝效應嗎？史丹佛大學神經科學家布萊恩．柯努森（Brian Knutson）指出，人類有悠久的探險歷史，從橫越海洋、攀爬高山到踏上月球，全都是追求新奇的驅動力的最佳證明。（原注17）除此之外，想要當第一也是一種所有權的心態，所以我們才會讚頌與記住那些冒險者。相較於需要花時間和精力去追求的目標，輕易就可達成的目標獎勵較小。為什麼？

有一種說法是達成目標的動機是由大腦不同系統所驅動。腦幹支援所有維生功能，也是大腦最古老的部分[2]，而位在腦幹深處的中腦腹側被蓋區（ventral tegmental area）含有多巴胺神經元，負責激發腦部回應新事物與報償的動機系統。位在腦幹上的許多區塊有一個稱為紋狀體（striatum），是一系列神經核團組成的功能系統，控制著懲罰和獎賞相關的行為。一九五四年，加拿大麥吉爾大學（McGill University）的心理學家詹姆斯．歐茲（James Olds）與彼得．米爾納（Peter Milner）利用電極刺激老鼠腦部的不同部位以研究牠們的學習機制時，

2.譯按：腦幹從古至今沒有太大改變，因此也被稱為爬蟲類腦。

不小心發現一個令人興奮的事實。（原注18）埋在老鼠大腦內隔核（septal，相當於人類的紋狀體）的電極會不斷發出短暫電擊，甚至造成牠們廢寢忘食。這些老鼠對自我刺激上了癮，如果給牠們一個按鍵可以按壓刺激自己的大腦，老鼠就會不斷重複按壓。中腦腹側被蓋區的多巴胺神經細胞也會傳送到做決策的前額葉皮質，我們就是由此產生追求的熱情。中腦腹側被蓋、紋狀體，再加上前額葉皮質，就是動機的迴路，讓我們設定目標，然後出發去追求目標。

找到大腦的快樂中樞之後，接著我們又確定腹側被蓋區的多巴胺神經細胞可以透過諸如性、毒品與搖滾樂等令人成癮的東西來啟動。（原注19）在這張列表上還可以加上購物。有一項研究是讓病人服用會改變多巴胺作用的藥物以控制帕金森氏症，但研究人員發現這種藥物的副作用之一是讓病患變得好賭、性成癮以及強迫性購物。（原注20）這些行為全都與預期性歡愉感（anticipatory pleasure）有關。就像喜劇片《洛基恐怖秀》（*The Rocky Horror Picture Show*）中福特博士嘲諷地說：「讓人感到如此歡愉的東西，是期待，而非征服。」對於購物這件事，柯努森與他的同僚證明了預期的討價還價會啟動腹側被蓋區，而昂貴的價格或金錢損

失則會啟動腦島區產生嫌惡的感覺來趨避損失。（原注21）

我們以為消費主義的驅動力是人想要獲得快樂的體驗，但事實上真正驅使我們不斷用各種東西填滿自己生活的原因，是追求所帶來的歡愉。當我們想要去獲得什麼東西，我們就有了一個本質上是獎賞性的目標。如果沒有達到目標，我們可能會感到失望或洩氣；但同樣的，就算成功達到了目標，我們也不會滿足，因為實際獲得很少可以帶來我們期待的那種歡愉。就算到手的東西確實能帶給我們快樂，但情感上易於習慣的特性又會讓我們重新披掛上陣，尋找下一個一定要擁有的東西。

甚至在我們真正擁有以前，我們的大腦其實就已經在品嚐擁有的滋味了。而一旦東西到手，我們會賦予它們過高的價值，因為它們是我們自我的延伸。問題是多數人很快就會習慣自己擁有的東西，然後奔向下一個征服大業。這些全都是強烈的情感驅力，不會因為擁有而輕易被撫平。有些人不斷在追求，最終整個人生都賠了進去，被想要擁有的渴望壓得喘不過氣來。

放不了手

儲物症（hoarding disorder）是異常的所有權表現方式之一，也是一般大眾特別感興趣的現象。美國有線電視網有個名為《囤積者》（*Hoarders*）的電視節目，收視率創下新高。接著又出現了許多類似的節目：《搶救囤積者》（*Hoarder SOS*）、《囤積狂鄰居》（*The Hoarder Next Door*）、《英國最強囤積者》（*Britain's Biggest Hoarders*），甚至還有《囤積就是活埋》（*Hoarding: Buried Alive*）。相關節目帶給觀眾窺探的樂趣，或許是因為很多人都喜歡看到別人失序的生活。

囤積是一種根深柢固的行為。許多動物都有囤積的習慣。昆蟲、鳥類以及哺乳類動物都會囤積食物。儲物症可以被視為是正常的覓食行為失了控。超市在每年聖誕節與新年期間會休息兩天，而休息前毫無例外貨架上的商品總是會被掃空，因為一般大眾為了確保自己在假期間有安全的食物存量，於是陷入恐慌採購的狀態。即使是資源充沛的承平日子，家家戶戶的冰箱與食物櫃裡經常也是堆滿了食物和罐頭。在荒年預備糧食是個好策略，但有些儲備品對於確保自己活得健康根本毫無用處。

儲物症是一種特殊的病態囤積表現，患者無法割捨外物，以致家中填滿雜物，連走動的空間都沒有。這些儲物症患者的房子很容易引發火災，因此常招來相關當局的關切。儲物症患者與執著的收集者不同，後者會搜尋並收藏特定的東西，但前者幾乎是來者不拒。報紙與雜誌是很常見的東西，但儲物症患者買了之後顯少會加以丟棄。

一般而言，大約每五十個人就有一個人有囤積物品的問題，他們因為堆積太多東西以致生活受到嚴重影響。囤積的行為在小時候就會顯現，但發生率隨著年齡增長而提高，每五歲就增加百分之二十的可能性。(原注22)囤積物的數量會危及囤積者的健康，在某些情況下還可能致死。舉例來說，以前就曾發生過儲物症患者被倒下來的東西壓死的個案。(原注23)墨爾本的消防隊預估，在可預防的火災死亡案例中，超過五十歲的死亡人數裡有四分之一的死因與物品囤積有關。(原注24)

儲物症的原因眾多，包括家族性的基因遺傳。(原注25)其他許多相關的危險因子包括：焦慮、沮喪、生活難關、破壞性童年，以及各種與壓抑衝動和控制思想有關的認知障礙。儲物症患者經常說因為那些東西可能還有用所以沒有丟掉，但其實他們主要是害怕失去。典型的儲物症患者會主張說東西很貴重、未來可能變得很貴重、可以重複使用，或者是他們的一部分等等，從而合理化自己的囤積行為。在所有儲物症案例中，囤積似乎可以給患者帶來安心與熟悉感。（原注26）

過去大家認為囤積是非典型強迫症，但現在醫學已將儲物症獨立為一個類型的精神疾病。甚至有證據顯示，囤積行為會啟動大腦特定區塊。專家安排儲物症患者和強迫症患者看著自己的郵件或他人的信件被撕毀，同時進行腦部掃描。（原注27）當必須決定要保留還是撕毀信件時，相較於強迫症患者，儲物症患者的焦慮、猶豫、悲傷與悔恨的情緒都會升高。這些情緒都與壓抑及危險評估的腦前區迴路有關。（原注28）甚且當他們的東西可能被丟掉時，從腦部的活動可以預測儲物症的嚴重程度以及自我評估的不安感。當他們覺得會失去自己的東西時，生理上確實會出現不舒服的情況。

這些大腦區塊和稟賦效應所啟動的大腦區塊相同，也就是會高估個人擁有物的價值。（原注29）就某種意義來說，儲物症患者是「延伸的自我」的極端展現，因為在他們擁有那些東西之後，病症才會顯現出來。我們所擁有的每樣東西都會在大腦裡被註記成「我們的」，以便與其他人的東西做區別。大多數人都可以隨時更新、取代或丟棄他們的物質認同，可是儲物症患者卻因為害怕失去自我而無法放手。他們或許可以用未雨綢繆來合理化自己的行為，但代價是心理與生理的健康，還有與他人關係，結果注定是得不償失。

有些東西更加個人化，更可能被當成自我的一部分。對大多數人來說，家或許是最明確的自我延伸，因為我們的認同感與我們待最久的地方緊密相關。當我們說某樣東西或某個人「有家的感覺」，其實是在描述一連串令人覺得舒服、安全與安心的特質。「家庭料理」或「家庭烘焙」可以觸動個人情感。我們常會說到家如何如何，彷彿它是個活生生的存在。跟家有關的東西往往也是我們情感最深的東西，這也是為什麼我們會如此強烈捍衛家的所有權。

有些人會為了防止自己的東西被奪走而採取極端的作法。他們可能會刻意破壞這些財產。顯然每個房仲業者都有過一些恐怖的遭遇。（原注30）碰到房子要被收走時，當事人會故意把房子弄得髒亂、設置惡作劇的陷阱或進行毀損。然而最惡劣的行徑不是針對財產，而是針對被視為個人財產的其他人。

全世界處於生育年齡的女性死亡主因是遭到現任或前任配偶謀殺。（原注31）在許多案例中，這種暴力事件的起因若非分手，就是害怕失去。在各種極端的自我毀滅行為中，有些危險的配偶（通常是沒有前科的男性）會先毀掉自己的家庭與財產，然後自殺。（原注32）如果不是出於扭曲的自我認知與所有權認知，怎麼會有人做出這種玉石俱焚的行為？

西方的滅門事件很像亞洲文化中被稱為「榮譽處決」的罪行。榮譽處決的典型狀況就是殺害讓家族蒙羞的女兒或妻子。雖然榮譽處決主要發生在中東與南亞國家，但世界各地都有這樣的情事。不論是西方文化中的個人還是亞洲文化中的家庭，在滅門或榮譽處決的悲劇中，犯罪者都認為自我認同的完整性受到侵犯。這種恐怖的罪行其實源於正常的所有權心態受到了扭曲。我們當然會把配偶與家人視為自我的延伸，然而這樣的關係並不代表我們有權執行所有權的終極行為——處分權，亦即隨心所欲處分財產，甚至加以毀損。

心之所在，家之所在

蘇塞特・凱洛（Susette Kelo）是位護士，她畢生的渴望就是住在河畔的屋子裡。一九七七年，她的夢想終於實現，她買下了一棟坐落於康乃狄克州新倫敦市的維多利亞式木造房屋。房子需要整修，鄰居也都是勞工階級。蘇塞特愛死了她的房子，全心投入修繕工作。她決定把房子漆成粉紅色，還選用了班傑明・摩爾（Benjamin Moore）油漆公司的經典「奧德薩玫瑰色」（Odessa Rose）。

不到一年，她的世界天翻地覆。蘇塞特不是唯一想定居河畔的人。為了活絡當地經濟、引進投資、創造工作機會，新倫敦發展公司（New London Development Corporation）計畫將該區重新開發為商辦區，專門為新遷入的國際藥廠巨人輝瑞（Pfizer）量身打造。

蘇塞特在搬進新屋七個月後，收到了新倫敦發展公司的通知，根據名為「國家徵用權」的法定權利，她的房子，連同附近另外九十戶民宅，全部都要遭到強制徵收。不是所有住戶都願意搬家，有些房子已經傳承了好幾代。蘇塞特的鄰居德利太太就是在她現在住的房子裡出生的，她希望也在這棟房子裡離世。再多補償金也沒有用。對後來成為訴訟案件原告的蘇塞特，整起事件的問題不在錢，而是原則。

「凱洛訴新倫敦市政府」的官司纏訟將近十年終於在二〇〇五年落幕。市政府辯稱重新開發是為了大眾利益，可以為一個窮困的區域帶來經濟發展。儘管卑微住戶與強大藥廠之間這場小蝦米對大鯨魚的對抗賽，掀起了一般民眾普遍的憤怒，高等法院的法官最終仍是以五票對四票的結果，判決新倫敦市政府勝訴。蘇塞特與鄰居的房子在強制徵收後將被夷為平地，讓給輝瑞藥廠想要打造的新型態城市村。

本案所引發的各種意見紛擾不斷，而且提升到了全國性的議題。對於判決結果，不贊成的比例高達百分之八十至九十，遠超過美國最高法院所判決的其他具爭議性的案件。有些人的立場比較實際，像《華盛頓郵報》與《紐約時報》都樂於接受最終的判決，認為這是符合公眾利益的大我行為。自由派人士則群情激憤。在一個重視私產，且所有權人有權以合理、甚至致命的武力來捍衛自己財產的國家，這個判決代表人民的任何私產都有可能隨時因為商業利益而被掠奪。

大眾為何如此憤怒？在整個區域都可能因為重新開發而獲得經濟利益的前提下，蘇塞特和她的鄰居為什麼不願意搬離？邊沁鼓吹功利主義，認為功利主義會驅使我們決定什麼才是對大多數人最有利的事情。《星艦迷航記二：星戰大怒吼》（*Star Trek II: The Wrath of Khan*）中史巴克在他那場備受讚揚的死亡一幕中也說道：「大我重於小我。」

為什麼房屋所有權人得到充分補償後，仍感到不滿？為了探究「凱洛訴新倫敦市政府」一案背後的心理因素，芝加哥西北大學的兩位法律人進行了一項研究，他們想要知道對房產的賠償金應該要多少才夠，以及產權最終歸誰究竟有沒有影響。（原注33）他們利用網路針對成年人進行調查，提出不同的國家徵收情境，譬如住戶僅入住兩年或已在那棟房子裡住了一百年。他們也提出了徵用土地後各種不同的用途，包括建設兒童醫院、購物中心或未特別說明用途。他們告訴回覆者，根據獨立鑑價師的估計，計畫徵收的房產價值二十萬美元，有關單位也會支付住戶所有的搬遷費用。然後他們詢問這些接受調查的人，要多少賠償金他們才願意被徵收？

結果顯示，徵收後的用途在決策過程中並不是那麼重要，最關鍵的因素反而是住戶居住的時間。約有兩成的人願意接受二十萬補償金，但八成的人想要更高。三分之一以上的人想要增加十萬美元，而整體中大概有十分之一的人不論補償多少都拒絕出售：他們覺得如果自己的家族已經在這棟房子裡住了一百年，從道德的觀點來看，出售祖產就是不對的事。不過這種懷舊心態並非舉世皆然。香港在一九九七年回歸中國，回歸前香港商人在一九九〇年代買下溫哥華許多具歷史性的房子，但他們並沒有珍惜這些歷史建築，反而開始拆梁解屋，然後豎起一棟棟最大容積率與建蔽率的「怪獸屋」，令當地住民感到驚愕。（原注34）這種作法其實是將土地使用最大化的經濟決策，但也反映出文化差異。在購置房產時，中國人向來偏好全新的房子。針對有意在美國購買房產的潛在中國客戶所進行的一項研究顯示，他們不僅偏好新房子，而且最不看重的就是房子的風格與獨特性；相反的，西方人優先考慮的都是迷人的老房子。（原注35）在東方人的眼裡，花大筆錢買下房子，重新把老屋的一切回復原貌，應該是件奇怪的事！

回到新倫敦市政府的案子，政府官員也不是那麼冷漠無情。蘇塞特最後還是賣掉了她的房子，搬到康乃狄克州另一個地點居住。她對於這件事始終耿耿於懷，覺得自己的家被別人搶走了。至於她的鄰居，儘管最高法院做出判決，德利太太還是在自己家中度過了最後的日子，她在二〇〇六年三月去世，那是法院做出判決的八個月後，不過是在她被強迫搬離前。

蘇塞特的粉紅小屋最後並沒有成為拆除大隊的犧牲品。當地一名營建商艾夫納．格萊格里（Avner Gregory）以一塊美元的價格從開發商那兒買下了地上物。他把屋子拆解後，重新在新倫敦市中心組裝起來。他還詢問蘇塞特要不要租用這棟屋子，不過她拒絕了對方的好意。她說她想要向前看。諷刺的是，這棟重新落腳在法蘭克林街三十六號的粉紅小屋現在成了觀光景點，名列康乃狄克州的歷史建築之一。

至於新倫敦發展公司所承諾的財富湧入以及重新開發，在輝瑞藥廠決定另遷他處後，整個專案就壽終正寢了，一千四百個工作機會也全部泡湯。新倫敦市政府花了七千八百萬美元剷平房舍並進行區域開發的準備，如今除了野貓占地為王外，土地依然閒置。

動搖的根基

擁有自己的家不僅是一個經濟宣言，也是一種心理上的認同肯定。家園被摧毀的天災倖存者，就算有了臨時安置處，往往也一心想要回到原來的家。二〇一六年，位於義大利亞平寧山脈間的歷史小鎮阿瑪翠斯（Amatrice）遭受強烈地震襲擊，城鎮幾乎全毀，從空拍圖只見一座現代建築還矗立在瓦礫堆中。一百年前的一九一五年，離阿瑪翠斯很近的拉奇拉城（L'Aquila）也在一次地震中失去了三十萬條生命。你或許以為大家總該從歷史經驗中學會教訓。與地球上所有山脈一樣，亞平寧山脈是由地殼板塊不斷擠壓而隆起形成。這個區域位於非洲板塊與歐亞板塊間，因此經常會出現強烈的地震與火山爆發，統稱「地質災害」。但是義大利人不願意搬離，選擇以現代化的抗震建築重建小鎮，聽起來簡直就是一種愚蠢的勇敢。

保留歷史建築有明顯的經濟誘因，義大利的遺跡觀光年度總產值高達一百八十億美元，是其觀光產業相當重要的一環。除此之外，更深層的原因是義大利人心理上對於所有權的執著。專門研究地震災害的義大利結構工程師馬可・庫索（Marco Cusso）指出，「我們處理的方式不是打掉不安全的建築。我們總是嘗試修補或強化，保全建築物的原貌，因為這些建築是我們本質的一部分。我不知道這樣做是對或錯，但我們就是這樣做。」（原注36）

當一個族群連續好幾個世代都在一塊土地上居住、生活與死去，我們可以想像他們的自我認同已經滲入土地裡。放棄或出售土地被視為禁忌，違反了土地的神聖價值。即使有人願意拿出更值錢、資源更豐富、更有用的土地來交換，他們依然會犧牲生命捍衛家鄉。若非如此，我們要怎麼解釋以色列境內那塊在大家眼中不過是荒漠的土地，竟然成為諸多國家衝突的焦點？

心理學家保羅・羅津（Paul Rozin）針對以色列猶太大學的學生進行訪問，探究他們對於土地交換的態度。（原注37）對於他所提出的問題：「有沒有任何以色列的土地是不論在任何條件或情況下，你都不願意拿出來交換的？」百分之五十九的學生回答「耶路撒冷」。當被問及交換耶路撒冷城中有些重要歷史人物長眠的國家公墓所在處赫茨爾山（Har Herzl）的可能性時，百分之八十三的以色列民眾都表示，他們「永遠都不會用那塊土地去交換其他土地或任何東西」。

耶路撒冷這座引人入勝的聖城，坐落在古老世界的中心。街道上每一個轉彎處都能看到神聖的遺跡。這座城市也是世界上情勢最緊張的地方，所有權、領土與控制權的紛爭總是蓄勢待發。耶路撒冷的舊城分為四區，由四個不同的宗教族群控制，分別是亞美尼亞區、猶太區、基督教區以及穆斯林區。就連聖墓教堂都被分成四個區塊，由基督教的不同支派負責。你的身分決定了哪些地方你可以去，哪些地方不可以去。

中東是個複雜的衝突大悶鍋，似乎沒有長期的合作或和平共存。現代文化與農業發展大約在七千多年前從肥沃月灣區展開。隨著族群的定居以及來自於農業與貿易的財富累積，所有權的爭議無可避免。從那時起，這個區域的敵對派系就爭鬥不斷，各派人馬都有自己的歷史主張。以色列和巴勒斯坦的問題又是另一個說來話長的糾紛，讓所有人都痛苦不堪。以色列是一九四八年為了二次大戰倖存的猶太人而建立的國家，但這樣的建國卻需要接管原來巴勒斯坦阿拉伯人所居住的土地。從巴勒斯坦人的角度來看，這不啻搶奪他們的家園。

阿拉伯語的 *intifada* 這個詞的原意是「擺脫」，後來被用於指稱巴勒斯坦人反抗以色列壓迫的起義。一九八七年，巴勒斯坦人第一次起義，目的是想趕走住在約旦河西岸與加薩走廊的以色列人。雙方爭執的領土大部分都是貧瘠的土地，但象徵性的價值卻至高無上。巴勒斯坦人第二次起義的時間是西元兩千年，導火線是以色列總理艾瑞爾．夏隆（Ariel Sharon）參觀耶路撒冷聖殿山這個伊斯蘭教最神聖的聖地之一。身為猶太人的他造訪神聖的穆斯林聖地被視為挑釁，並因此激起暴動。值得注意的是，就像耶路撒冷大部分的地方一樣，聖殿山也是猶太教徒與基督教徒敬拜的地方。這座古老城市中的許多聖地都與不同宗教的歷史事件或人物有關，也在時間的洪流中因為各種入侵與衝突而多次易手。每一方的勢力都主張自己的合法所有權。

中東的戰事看起來似乎都是源於宗教差異，但其實也都是所有權之爭，只不過因為各種衝突都被套上宗教與神聖價值的框架，因此爭奪更是勢在必行。自我認同是不能交換的東西。協議和解必須把土地的神聖價值納入考慮。如果只是提供經濟賠償或安置處所的交換，那就過於天真了，因為情感與土地的連結才是重點。事實上，在理應無價的東西上標示價格，是一種褻瀆。於是各方勢力只能被迫繼續交戰。

擁有讓我們變得更快樂？

我們的自我透過我們所擁有的東西而延伸進入這個世界，也向他人發送出我們的地位訊號。失去所擁有的東西，影響不在於那些東西的價值，而是它們代表了我們是誰。人與所有物之間的關係因人、因文化而不同，但是我們所有人都是透過所有權來建構自我意識。這種現象也解釋了我們想要得到更多的動機，以及為什麼我們對自己所擁有的東西難以放手。如果要解決領土爭議，就必須把冷漠無情的物質主義與消費主義放到一邊，瞭解人與所有物之間的特殊關係。

不理性行為的產生往往是因為我們與我們以為屬於自己的東西連結過深。不過諷刺的是，我們高估自己所擁有的東西，又對這些東西難以放手，因為它們代表了我們是誰，然而我們卻很容易就習慣於擁有這些東西而不加珍惜。我們義無反顧地踏上一條永遠無法滿足的追尋之路，為的是要得到更多的東西來強化我們對自己的認同。這樣的追尋或許會讓我們覺得自己變得更成功，但可悲的是，收穫的東西愈多，我們得到的滿足感愈少。

顯然許多讀者都不同意物質目標無法令人滿足的說法。事實上，他們或許還會覺得本書所提出的警訊根本與他們無關。許多人都相信若自己擁有的比需要的多，生活一定會更滿足，這就是他們的生活動力。所有權是道德、政治以及世界觀的核心，而解決爭議的唯一方法是仔細看看數據——不是那些從一、兩個WEIRD學生身上所得到的數據，而是各種研究物質主義與幸福相關的數據。

研究這些研究被稱為統合分析（meta-analysis），是科學的黃金原則，因為它們不是任何單一研究、團體或抱持偏見的科學家所提出的特定結果，而是橫跨了大量的研究，也因此提供了更平衡、更正確的判斷。這種情況相當於有了陪審團。截至目前為止，最新也最全面的統合分析是由艾塞克斯大學（University of

Essex）的赫爾佳・迪特瑪（Helga Dittmar）與她的同僚所進行的，他們分析的資料超過兩百五十個獨立研究，分析的研究方法超過了七百五十種，最後證實：「在各種個人福祉與物質追求之間，存在著明顯且一致的負相關。」（原注38）這個結論不分文化、年齡與性別都成立。有些因素會降低這種負相關，但研究人員在各種情況下都沒有找到正相關。

如果擁有能讓我們感到滿足，我們就不會再想要更多東西。然而追求所帶來的刺激、地位的需求，以及可能失去的威脅感，再再顯示想要擁有是人類最強的動機，它不會輕易在理智面前低頭。當然，我們多數人都認為自己是例外，不過話說回來，這也說明了為什麼我們會如此著了魔的想要擁有更多東西。

後記
一路競爭到終點

擁有一個不錯的家、一輛新車、好的家具、最新的家電，在別人眼中這就已經通過了我們社會的人格測試。

——米哈里．齊克森（Mihaly Csikszentmihalyi）（原注1）

對許多人而言，我們所擁有的東西證明了我們的價值。擁有的東西愈多，我們就愈有價值。然而，姑且不論所有權的社會成本，還有許多其他原因可以證明這樣的認知是錯誤的。如果我們之所以重視所有權只是為了累積擁有的東西，那麼我們其實是在認可一種終究會傷及他人的行為。我們擁有的愈多，造成的失衡愈嚴重。這種情況在道德、環境、政治上都會帶來問題，科學更告訴我們，毫無節制地追求財富不僅不能帶來滿足，長遠來看甚至會因此變得更悲慘。我們應該過更簡單的生活，少些混亂、少些競爭。遺憾的是，對大多數人而言，這是我們一直要到生命尾聲才會領悟到的真理。

話說回來，生命中也不能沒有所有權的主張，它是維繫社會完整的基礎。所有權是個誘因，讓我們願意努力改善自己的生活。大家都喜歡成功，而所有權是一種獎勵的方式，讓我們為了它奮發向上。創新與進步的成果大多來自競爭。只要一提到擊敗對手，眾人就會士氣高漲，盡力爭奪勝利。再者，世界上最成功的人也不是全都盲目地累積財富，傻傻地坐在高高的金山銀山上。比爾・蓋茲夫婦與股神巴菲特於二〇一〇年發起「捐贈誓言」（the Giving Pledge），已得到一百八十七位億萬富翁響應，他們為「人類無力改變想要擁有的本性」這種憤世嫉俗的觀點，提供了矯正的對策。這些超級富豪當中，許多人都瞭解到繼承財富不僅不公平，對自己的兒女來說可能還會變成一種詛咒，讓他們不再有達成願望以及追求自我成就的動機。

不論從個人還是團體的觀點來看，所有權提供了人類進步的機制，卻也讓毀滅的種子潛伏其中。我們表現得好像不得不這麼做，彷彿一直有個外力在控制著我們。這種控制的力量其實就扎根在我們的生理結構中。本書已討論過人類想要擁有是源於競爭衝動，而競爭衝動又是地球上所有生物的遺傳因子。所有動物都會競爭，但過著群體生活的動物演化出了保護與分享資源的策略。其他動物也有合作與共享的行為，但所有權是一種只見於人類的社會契約，因為這樣的運作機制需要有心智能力、進行溝通、預測未來、記取過去，以及明白互惠、約定、傳承、法治以及正義的概念。非人類的動物或許可以展現出這些技巧的初步型態，但只有人類才具備建立所有權概念的必要條件。

也許如邊沁所言，所有權不過是一種概念，但這個概念卻強大到足以讓一個穩定的社會出現。許多動物都以群體的型態生活，但牠們不會依照可傳承的所有權原則運作。在非人類的社會中，階級制度經常會因為世代交替而變動，爭奪支配權的戰爭也時常發生。反觀人類社會，在有限資源的分配下，所有權提供了世代交替時相對具持續性的機制。這種穩定性使我們得以從狩獵採集的游牧生活轉型為農業、科技與教育得以興盛的定居生活。簡言之，所有權讓人類文明得以成型。但這樣的轉變也存在著問題。組織架構抗拒改變，這也是所有權造成的貧富不均會如此根深柢固的原因。

二〇一七年，一支名為「一百元的賽跑」（$100 race）的影片在社群媒體上瘋傳，觀看次數超過五千萬。（原注2）這支影片以相當戲劇化的手法闡述了繼承的財富與特權帶來怎麼不公平的優勢。主辦者要求一百名美國青少年排好隊，準備爭奪一張百元紙鈔，但在起跑前，裁判先提出了幾個條件。如果參賽者的回答是「是」，他們可以向前跨兩步；如果不符合，就待在原處。第一個條件是父母是否依然維持婚姻狀態。第二個條件是他們是否接受私立教育。第三個條件是他們是否無需擔心錢的問題等等。在大約十個問題後，那些站在前面的人絕大多數都是白人男性，而留在起跑線的人則大多是有色人種。這些停在起跑線的人，無論怎麼拚命努力，對他們而言這場競爭事實上在開始前就已經結束了。超前者的所有優勢都跟他們本身的資質、能力、個人選擇無關，他們的優勢主要來自於繼承的財富以及這些財富所帶來的機會與裨益。至於那些沒有任何優勢的人，當各種勝算都不站在他們這一邊時，他們要怎麼通過社會人格特質的測驗？這就是為什麼所有權讓不公平的社會永遠不公平的原因。

文明伊始，我們就不斷思考所有權的道德問題，也擔心所有權的相對成本。我希望能讓大家正視「為什麼我們會如此執著於擁有」的個人原因。所有權不僅是道德或政治議題，更確切地說，所有權的心理其實揭露了我們內在的動機。我們所擁有的東西是宣傳自己成功的一種工具。就像其他動物一樣，我們傳達訊號的目的在於增加繁衍的機會，但同時它也滿足了我們想要被其他人看重的深層需求。動物界中近親的情感依附並非罕見的現象，但人類是唯一會向整個社會尋求情感寄託的。我們希望連陌生人都能注意到自己。一如亞當．斯密指出的，富有者以其財富自豪，因為他覺得財富會理所當然地讓全世界都注意到他。可是並非每個人都能成為富有的人，因此這樣的情況會造成扭曲的競爭條件，不再符合生物必然性。所有權已經變成一種尋求認同的驅力。

我們的自我價值感可說是來自與他人的比較。這樣的比較源自大腦細胞的運作，它會計算**相對地位**這種別具意義的生命尺度。神經元的一次電脈衝，只有在對照前一次電脈衝以及與鄰近的神經元做比較時才有意義。這個原則適用於任何層面，從神經細胞的感知處理，到我們與他人比較以及情感生活的整個系統。如果有人讚美我們，我們會感覺快樂；如果別人漠視我們，我們會覺得難過。

這樣的社會比較其實相當愚蠢，因為我們高估了別人意見的重要性。再說，我們對他人的評斷也非常不準確，別人對我們的興趣遠比我們以為的要低，他們的意見往往也流於表面且受偏見誤導。一如叔本華（Arthur Schopenhauer）在一八五一年的提醒，「一個過度重視他人觀點的人，給了他人過度的榮耀。」（原注3）可是誰能夠對他人的看法免疫？

臉書、Instagram 這類現代社群網路的普及與影響力，加深了我們對他人認同的依賴。當我們拿自己的成功與他人的成功做比較時，就會讓我們覺得自己有所不足。一如小說家戈爾．維達爾（Gore Vidal）的歪理：「每次有朋友成功，我就會死去一點點。」我們總是不斷被提醒其他人做得有多好，別人過得比自己更幸福。我們透過按讚數來認同別人張貼在網路上的內容。我們轉推其他人的看法。我們有「錯失恐懼症」（FOMO, fear of missing out，害怕被遺漏），當其他人都受邀參加最棒的派對時，我們以為自己遭到漠視。我們就像假先知，拚命想要得到更多粉絲來證明我們的自我價值。我們是人形狐獴，永遠都在張望，然而目的卻不是為了保護族群而勘查環境、偵測潛在威脅，而是在進行社交炫耀，努力想要得到他人的認可。但這種社會比較的享樂跑步機（hedonic treadmill）[1]是一臺永不停歇的恆動機。（原注4）再多的奉承都不夠。

在每個人都想要得到讚頌的世界裡，社會流動提供了一個攻頂的方式，但也

1. 編按：指永不滿足的嫉妒心態，由普林斯頓大學心理學家丹尼爾．康納曼提出。

製造了每個人都是贏家的不切實際期待。這是崇尚個人主義與菁英主義的典型階級社會。那些已經成功的人死守著自己的支配地位，而那些在成功者底下的人則不斷掙扎著想取而代之。相較於把比賽場地剷平，讓每個人都有出頭的機會，菁英制度讓問題不斷擴散，合理化社會的不平等狀態。我們羨慕那些成功的人，發下宏願要像他們一樣，而且以為只要我們能夠成功，也得以享受勞動的果實。

然而，我們必須重新評估我們在這個世上的時間。「老鼠賽跑」（rat race）這個詞源於早期心理學對於老鼠跑迷宮的研究，後來演變成形容在現代工作環境下毫無意義地不斷追逐，也帶有不懂欣賞非物質追求的意思。正如前述，如果你已經滿足了舒適生活的基本需求，繼續累積更多的東西，除了肯定自己的成功與財富增長，並無法帶來更多的快樂。繼承制度確保我們可以把財富留給子女，而這麼做的同時，我們清楚知道孩子會因此在生命比賽中擁有較好的裝備，可是如果你已經給了孩子一個比別人更靠近目標的起跑點，你又要期待他們能得到什麼樣的個人滿足呢？

說穿了，擁有並無法產生我們所期待的快樂程度，而且連快樂這件事我們都要重新思考。在現代社會中，期待快樂被視為一種基本人權。「追求幸福」被銘記在美國的建國宣言中，而支撐著所有權文化的個人主義也告訴我們，我們要對自己的幸福負責。如果你不快樂，一定是你自己的錯，因此你需要採取行動去改變這樣的狀況。就如本書一開始就提到且一再重複的概念，我們以為我們所擁有的東西可以帶來快樂，因此在不快樂的時候，就採取「購物療百病」的作法。儘管擁有確實可以提供短暫的快樂與歡愉，但這樣的感覺終究會消失。光是這個原因，所有權就無法提供持久的快樂。可是話又說回來，一直感到快樂也是滿奇怪的。我們都已經習慣日常生活裡的起起伏伏，這樣我們才能知道好日子與壞日子的差別。如果所有的事情都一成不變，最終我們就不會再注意任何事情。

「我們想要永遠幸福快樂」這個假設也有本質上的謬誤。今日的行銷與自助產業[2]讓我們覺得不快樂好像是一件不對的事，於是我們對自己愈來愈不滿意，不斷透過買東西來讓自己覺得更好。但是在過去，套用霍布斯的名言，當生活還是「汙穢、殘忍與短暫」的時候，不快樂其實是生命的常態。事實上，就像基督新教直接將耶穌的話「你們哀哭的人有福了！因為你們將要喜笑」當成命令，要

2.譯按：自助又稱為自我進步，透過自我引導而進行經濟、智能、情緒改善，與心理狀況息息相關。自助業是所有這類活動商業化的統稱，靈修、各類生理或心理疾病的支援團體等等，都屬於自助產業，自助相關的出版品更是不勝枚舉。

求教徒過著嚴謹的生活以確保來世的快樂。他們反對會帶來快樂的世俗歡愉。這種極端的觀點或許早已不再普遍，但主張說我們應該時時保持快樂同樣荒謬。這樣的期待只會讓我們不斷感覺到自身的不足，然後引導我們努力追求不可能的完美。

在激烈競爭的環境中，努力追求成功似乎是正確解答，因為成功可以換來明顯的獎勵。這些獎勵或許可以吸引他人的注意，並讓他人也跟隨前進；但這些獎勵同樣會引發負面情緒。當我們拿自己與他人做比較時，嫉妒就會揚起它醜陋的頭，因為除了物質財富，還有什麼更能吸引別人注意的東西可供我們拿來炫耀？但有時候我們也會產生抗拒的反應。蓄意破壞他人財產通常就是受到嫉妒心的刺激而產生的行為。負面情緒造成的行動可以從「想要變得跟別人一樣」的善意仿效，到「寧為玉碎不為瓦全」的惡意破壞。不過就像腫瘤有分良性與惡性，而我們最好兩種都沒有。（原注5）

有時候在這些不切實際的期待之上，還會加上我們堅信自己從來沒有真正被人重視的執念，而這就代表我們永遠都不會滿足。鮮少會有人說：「我的努力完全得到回報。」或「我真是太幸運了。」至少在面臨一些像車禍或重病這類生死攸關的大事而幡然覺悟之前，大家是不太會這麼想的。相反的，我們總是認為自己的成功是應該的，然後再度出發去達成下一個目標，追求我們想要的認可。我們也許會出現短暫的感恩心，但這樣的心態很快就會被經常性的比較給淹沒。顯然問題不是如何得到更多，而是如何對自己所擁有的東西感到快樂。這就是為什麼沉思、冥想、正念或簡單的反省都可以帶來短暫的快樂喘息，讓我們在競爭衝動重新奪回主控權之前，有時間細細品嚐當下。

我們需要的不是更多東西，而是更多時間去欣賞我們所擁有的東西。這正是科技終將把我們從毫無止境的物質消費主義中解救出來的施力點。不過未來仍有隱憂。一如西北大學凱洛格管理學院（Kellogg School of Management）教授羅伯特・沃考特（Robert Wolcott）所指出，綜觀歷史，多數人都是因為必須工作而工作。（原注6）然而自從工業革命後，乃至於最近的資訊時代，工作正在快速消失，因為科技與人工智慧改變了我們的工作環境。今日在運輸業工作的人，大概只占美國勞動人口的十分一。（原注7）自動化很可能在短短一個世代之內就讓工作像大批農場勞工一樣遭到廢棄。

科學的進步製造出技術性失業（technological unemployment）[3]的問題。如果未來的工作比工作人口少，我們要如何利用自己的時間？我向麻省理工學院的社會學家雪莉．特寇（Sherry Turkle）提出這個問題，她表示技術性失業是一種迷思，因為就算我們製造了機器讓我們不再需要工作，我們依然會變老、變弱，需要人際接觸以及其他人的協助。即使有了最好的創新與人工智慧，我們也永遠無法製造出取代真正人類的機器人。就算我們可以生產出無法分辨真假的複製人，我們還是會去檢查他們是不是真人。因為唯有具備人類基本特質的真正人類，才能滿足我們想要與「人」產生連結的基本情感需求。

然而，科技終將給予每個人更多的時間，而這個禮物也是我們所有人都會擁有的珍貴之物，那麼接下來，如何聰明地利用時間而非一味追逐財富，就是自己的責任了。科技以及愈來愈長的壽命代表我們會有更多的時間照顧彼此，以及照顧我們共有的這個星球。我們必須檢視個人所有權這個概念，因為它分隔了身為人類的我們，讓我們彼此對立，愚蠢地不斷追求擁有更多，比我們真正需要的還

3.編按：指因技術進步與勞動力需求減少所引發的失業現象。

多更多。所有權心理或許是一種天性，卻不是對我們最有利的。我們必須驅除這種野火燒不盡、春風吹又生的占有心態。

致謝

有關孩童如何分享與擁有，我從事相關實驗研究已經多年，所以我一直以為本書應該很容易下手。沒想到過程比我以為的艱辛許多，因為深入之後我才發現，人類存在的所有面向幾乎都與這個主題脫不了干係。本書觸及的領域很廣，我知道自己撈過了界，跨出我所專精的領域。不過書中所有議題都環環相扣，我希望自己確實提供了一個將它們都納入的架構，以便讀者能像我一樣樂在其中。

二〇一六年初開始的政治紛擾，剛好與本書的構想與撰寫過程重疊，因此儘管無心插柳，但所有權與歐美當前狀況的關係書中亦有提及。川普是許多批評的焦點，本書出版時他是否依然大權在握仍有待觀察。但我堅信他的世界觀對於人性長遠的興盛絕無助益。

我非常高興能得到兩位編輯的莫大助益：艾倫萊恩出版社（Allen Lane）的蘿拉·史帝克尼（Laura Stickney）以及牛津大學出版社的瓊安·柏瑟特（Joan

Bossert）。她們兩位的專業與智慧令人佩服得五體投地，也讓本書在面臨過於發散、失去主軸的危險下能懸崖勒馬。還要感謝文案編輯夏洛特·萊定斯（Charlotte Ridings）優異的表現。我的經紀人凱婷克·梅特森（Katinka Matson）從一開始就支持本書的構想，欠她的我大概這輩子都還不清了。

最後我要謝謝讓我的想法得以成形的同僚與學生，並藉此機會特別提出幾位。保羅·布倫（Paul Bloom）不僅是我的摯友，也是我的靈感來源，他在一場會議上第一次聽到我對於這本書的計畫之後，就展現出極大的熱情；不過話說回來，他就是這樣的人，本書裡到處都是他的奇思妙想。羅伯·法蘭克（Robert Frank）、歐力·佛來德門、羅素·貝爾克，以及丹尼爾·康納曼也都是我的靈感泉源。還有許多其他要感謝的人，包括蘿莉·山托斯（Laurie Santos）、派翠莎·坎吉瑟、安娜·柯許（Anna Kirsch）、蘇珊·庫塞拉（Susan Kucera）、高溫·班托（Gawain Bantle）以及艾胥麗·李，謝謝他們的支持、絕妙想法以及回饋。特別要感謝派翠莎，書中許多與偏差或偏見相關的內容，都是來自於她的原創思維，珍貴無比。最後，我要感謝珊卓·威爾辛，她負責很多對孩子們的研究，也是非常優秀的學生與益友。她介紹我認識了洋特法則以及*hygge*這個丹麥字。當然，絕對要感謝長久以來受我荼毒的家人，謝謝他們對我如此寬容。

原文注釋

序言

1 Gilbert, D. T. and Wilson, Timothy D. (2000), 'Miswanting: some problems in the forecasting of future affective states'. In J. P. Forgas, ed., *Thinking and Feeling: The Role of Affect in Social Cognition*. Cambridge: Cambridge University Press.
2 'Terrified grandad feared he would die while clinging to van as thief drove off', http://www.barrheadnews.com/news/trendingacrossscotland/14717683.Terrified_grandad_feared_he_would_die_while_clinging_to_van_as_thief_drove_off/.
3 'Mother clung to her car bonnet for 100 yards before being flung off into a lamppost as thief drove off with it', http://www.dailymail.co.uk/news/article-2549471/Mother-clung-car-bonnet-100-yards-flung-lamppost-thief-drove-it.html.
4 Stephenson, J., et al. (2013), 'Population, development and climate change: links and effects on human health', *The Lancet*, published online 11 July 2013.
5 http://www.worldwatch.org/sow11.
6 https://yougov.co.uk/topics/politics/articles-reports/2016/01/08/fsafasf. Only 11% of respondents in this 2016 poll thought the world was getting better, compared to 58% who thought it was getting worse.
7 Pinker, S. (2018), *Enlightenment Now*. London: Allen Lane.

第一章　我們真的擁有任何東西嗎？

1 *Finders Keepers* (2015), directed by Bryan Carberry and Clay Tweel. Firefly Theater and Films.

2 Van de Vondervoort, J. W. and Friedman, O. (2015), 'Parallels in preschoolers' and adults' judgments about ownership rights and bodily rights', *Cognitive Science*, 39, 184–98.
3 Bland, B. (2008), 'Singapore legalises compensation payments to kidney donors', *British Medical Journal*, 337: a2456, doi:10.1136/bmj.a2456.
4 Sax, J. L. (1999), *Playing Darts with a Rembrandt: Public and Private Rights in Cultural Treasures*. Ann Arbor, MI: University of Michigan Press.
5 Howley, K. (2007), 'Who owns your body parts? Everyone's making money in the market for body tissue except the donors', http://reason.com/archives/2007/02/07/who-owns-your-body-parts/print.
6 DeScioli, P. and Karpoff, R. (2015), 'People's judgments about classic property law cases', *Human Nature*, 26, 184–209.
7 Hobbes, T. (1651/2008), *Leviathan*. Oxford: Oxford University Press.
8 Locke, J. (1698/2010), *Two Treatises of Government*. Clark, NJ: The Lawbook Exchange.
9 Taken from transcripts for the Poomaksin case study, supra note 6. Knut-sum-atak circle discussion no. 2 (3 December 2003), Oldman River Cultural Centre, Brocket, Alberta. Cited in Noble, B. (2008), 'Owning as belonging/owning as property: the crisis of power and respect in First Nations heritage transactions with Canada'. In C. Bell and V. Napoleon, eds., *First Nations Cultural Heritage and Law, vol. 1: Case Studies, Voices, Perspectives*. Vancouver: University of British Columbia Press, pp. 465–88.
10 http://www.hedgehogcentral.com/illegal.shtml.
11 Buettinger, C. (2005), 'Did slaves have free will? Luke, a Slave, v. Florida and crime at the command of the master', *The Florida Historical Quarterly*, 83, 241–57.
12 Morris, T. D. (1996), *Southern Slavery and the Law 1619–1860*. Chapel Hill, NC: North Carolina University Press.
13 http://www.ilo.org/global/topics/forced-labour/lang--en/index.htm.
14 Global Slavery Index, https://www.globalslaveryindex.org/findings/.
15 https://www.theguardian.com/technology/2017/jun/18/foxconn-life-death-forbidden-city-longhua-suicide-apple-iphone-brian-merchant-one-device-extract.
16 'Global Estimates of Modern Slavery: Forced Labour and Forced Marriage', International Labour Office (ILO), Geneva, 2017.
17 Coontz, S. (2006), *Marriage, a History: How Love Conquered Marriage*. London: Penguin.

18 http://wbl.worldbank.org/.
19 Zajonc, R. B. (1968), 'Attitudinal effects of mere exposure', *Journal of Personality and Social Psychology*, 9, 1–27.
20 Marriage and Divorce Statistics: Statistics explained, http://ec.europa.eu/eurostat/statisticsexplained/.
21 Foreman, A. (2014), 'The heartbreaking history of divorce', *Smithsonian Magazine*, https://www.smithsonianmag.com/history/heartbreaking-history-of-divorce-180949439/.
22 Jenkins, S. P. (2008), 'Marital splits and income changes over the longer term', Institute for Social and Economic Research, https://www.iser.essex.ac.uk/files/iser_working_papers/2008-07.pdf.
23 https://www.gov.uk/government/publications/the-royal-liverpool-childrens-inquiry-report.
24 'Are our children now owned by the state?' Nigel Farage discusses why Alfie's life matters on *The Ingraham Angle*, http://video.foxnews.com/v/5777069250001/?#sp=show-clips.
25 Health Care Corporation of America v. Pittas, http://caselaw.findlaw.com/pa-superior-court/1607095.html.
26 '24,771 dowry deaths reported in last 3 years', *Indian Express*, http://indianexpress.com/article/india/india-others/24771-dowry-deaths-reported-in-last-3-years-govt/, retrieved 21 December 2016.
27 Stubborn Son Law Act of the General Court of Massachusetts in 1646: 'If a man have a stubborn or rebellious son, of sufficient years and understanding, viz. sixteen years of age, which will not obey the voice of his Father or the voice of his Mother, and that when they have chastened him will not harken unto them: then shall his Father and Mother being his natural parents, lay hold on him, and bring him to the Magistrates assembled in Court and testify unto them, that their son is stubborn and rebellious and will not obey their voice and chastisement . . . such a son shall be put to death.' States that followed were Connecticut (1650), Rhode Island (1668) and New Hampshire (1679).
28 Norenzayan, A., et al. (2016), 'The cultural evolution of prosocial religions', *Behavioral and Brain Sciences*, 39, E1, doi:10.1017/S0140525X14001356.
29 Pape, R. A. (2003), 'The strategic logic of suicide terrorism', *American Political Science Review*, 97, 343–61.
30 http://www.oxfordtoday.ox.ac.uk/interviews/trump-no-hitler-%E2%80%93he%E2%80%99s-mussolini-says-oxford-historian.
31 https://www.bbc.co.uk/news/world-europe-36130006.

32 Stenner, K. and Haidt, J. (2018), 'Authoritarianism is not a momentary madness'. In C. R. Sunstein, ed., *Can It Happen Here?* New York: HarperCollins.
33 Hetherington, M. and Suhay, E. (2011), 'Authoritarianism, threat, and Americans' support for the war on terror', *American Journal of Political Science*, 55, 546–60.
34 Adorno, T. W., et al. (1950), *The Authoritarian Personality*. New York: Harper & Row.
35 Kakkara, H. and Sivanathana, N. (2017), 'When the appeal of a dominant leader is greater than a prestige leader', *Proceedings of the National Academy of Sciences*, 114, 6734–9.
36 Inglehart, R. F. (2018), *Cultural Evolution: People's Motivations Are Changing, and Reshaping the World*. Cambridge: Cambridge University Press.
37 Stenner, K. and Haidt, J. (2018), 'Authoritarianism is not a momentary madness'. In C. R. Sunstein, ed., *Can It Happen Here?* New York: HarperCollins.
38 https://yougov.co.uk/topics/politics/articles-reports/2012/02/07/britains-nostalgic-pessimism.
39 https://yougov.co.uk/topics/politics/articles-reports/2016/01/08/fsafasf.
40 Inglehart, R. F. and Norris, P. (2016), 'Trump, Brexit, and the rise of Populism: Economic have-nots and cultural backlash (July 29, 2016)'. Harvard Kennedy School Working Paper No. RWP16-026, https://ssrn.com/abstract=2818659.
41 Ibid.
42 Olson, K. R. and Shaw, A. (2011), ' "No fair, copycat!" What children's response to plagiarism tells us about their understanding of ideas', *Developmental Science*, 14, 431–9.
43 Vivian, L., Shaw, A. and Olson, K. R. (2013), 'Ideas versus labor: what do children value in artistic creation?' *Cognition*, 127, 38–45.
44 Shaw, A., Vivian, L. and Olson, K. R. (2012), 'Children apply principles of physical ownership to ideas', *Cognitive Science*, 36, 1383–403.
45 https://www.forbes.com/sites/oliverchiang/2010/11/13/meet-the-man-who-just-made-a-cool-half-million-from-the-sale-of-virtual-property/#5cc281621cd3.
46 Kramer, A. D. I., Guillory, J. E. and Hancock, J. T. (2014), 'Experimental evidence of massive scale emotional contagion through social networks', *Proceedings of the National Academy of Sciences*, 111, 8788–90.
47 https://www.inc.com/melanie-curtin/was-your-facebook-data-stolen-by-cambridge-analytica-heres-how-to-tell.html.

48 Packard, V. (1957), *The Hidden Persuaders*. New York: Pocket Books.
49 Lilienfeld, S. O., et al. (2010), *50 Great Myths of Popular Psychology*. Oxford: Wiley-Blackwell.
50 Bentham, Jeremy (1838–1843), *The Works of Jeremy Bentham, published under the Superintendence of his Executor, John Bowring*. Edinburgh: William Tait, 11 vols. Vol. 1, http://oll.libertyfund.org/titles/2009.
51 Pierce, J. L., Kostova, T. and Dirks, K. T. (2003), 'The state of psychological ownership: integrating and extending a century of research', *Review of General Psychology*, 7, 84–107.

第二章 不是人類的，但只有人才能擁有

1 Triplett, N. (1898), 'The dynamogenic factors in pacemaking and competition', *American Journal of Psychology*, 9, 507–33.
2 Clark, A. E. and Oswald, A. J. (1996), 'Satisfaction and comparison income', *Journal of Public Economics*, 61, 359–81.
3 Smith, D. (2015), 'Most people have no idea whether they are paid fairly', *Harvard Business Review*, December issue, https://hbr.org/2015/10/most-people-have-no-idea-whether-theyre-paid-fairly.
4 Mencken, H. L. (1949/1978), 'Masculum et Feminam Creavit Eos', in *A Mencken chrestomathy*. New York: Knopf. pp. 619–20.
5 Neumark, D. and Postlewaite, A. (1998), 'Relative income concerns and the rise in married women's employment', *Journal of Public Economics*, 70, 157–83.
6 Hofmann, H. A. and Schildberger, K. (2001), 'Assessment of strength and willingness to fight during aggressive encounters in crickets', *Animal Behaviour*, 62, 337–48.
7 Davies, N. B. (1978), 'Territorial defence in the speckled wood butterfly (*Pararge aegeria*): the resident always wins', *Animal Behaviour*, 26, 138–47.
8 Lueck, D. (1995), 'The rule of first possession and the design of the law', *Journal of Law and Economics*, 38, 393–436.
9 Harmand, S., et al. (2015), '3.3-million-year-old stone tools from Lomekwi 3, West Turkana, Kenya', *Nature*, 521, 310–15.
10 Mann, J. and Patterson, E. M. (2013), 'Tool use by aquatic animals', *Philosophical Transactions of the Royal Society B: Biological Sciences*, 368 (1630), https://doi.org/10.1098/rstb.2012.0424.

11 https://anthropology.net/2007/06/04/82000-year-old-jewellery-found/.
12 Brosnan, S. F. and Beran, M. J. (2009), 'Trading behavior between conspecifics in chimpanzees, *Pan troglodytes*', *Journal of Comparative Psychology*, 123, 181–94.
13 Kanngiesser, P., et al. (2011), 'The limits of endowment effects in great apes (*Pan paniscus, Pan troglodytes, Gorilla gorilla, Pongo pygmaeus*)', *Journal of Comparative Psychology*, 125, 436–45.
14 Radovčić, D., et al. (2015), 'Evidence for Neandertal jewelry: modified white-tailed eagle claws at Krapina', *PLoS ONE*, 10 (3), e0119802, doi:10.1371/journal.
15 Lewis-Williams, D. (2004), *Mind in the Cave: Consciousness and the Origins of Art*. London: Thames & Hudson.
16 Gomes, C. M. and Boesch, C. (2009), 'Wild chimpanzees exchange meat for sex on a long-term basis', *PLoS ONE*, 4 (4), e5116, doi:10.1371/journal.pone.0005116.
17 HSBC Report (2013), 'The Future of Retirement: Life after Work', https://investments.hsbc.co.uk/myplan/files/resources/130/future-of-retirement-global-report.pdf.
18 https://www.pru.co.uk/press-centre/inheritance-plans/.
19 https://www.legalandgeneral.com/retirement/retirement-news/2018/bank-of-mum-and-dad-report-2018.pdf.
20 Trivers, R. L. and Willard, D. E. (1973), 'Natural selection of parental ability to vary the sex ratio of offspring', *Science*, 179, 90–92.
21 Smith, M. S., Kish, B. J. and Crawford, C. B. (1987), 'Inheritance of wealth as human kin investment', *Ethological Sociobiology*, 8, 171–82.
22 Song. S. (2018), 'Spending patterns of Chinese parents on children's backpacks support the Trivers–Willard hypothesis', *Evolution & Human Behavior*, 39, 339–42.
23 Judge, D. S. and Hrdy, S. B. (1992), 'Allocation of accumulated resources among close kin: inheritance in Sacramento, California, 1890–1984', *Ethological Sociobiology*, 13, 495–522.
24 http://www.bloomberg.com/news/articles/2013-07-02/cheating-wives-narrowed-infidelity-gap-over-two-decades.
25 Walker, R. S., Flynn, M. V. and Hill, K. R. (2010), 'Evolutionary history of partible paternity in lowland South America', *Proceedings of the National Academy of Sciences*, 107, 19195–200.
26 Michalski, R. L. and Shackelford, T. K. (2005), 'Grandparental investment as a function of relational uncertainty and emotional closeness with parents', *Human Nature*, 16, 293–305.

27 Gray, P. B. and Brogdon, E. (2017), 'Do step- and biological grandparents show differences in investment and emotional closeness with their grandchildren?' *Evolutionary Psychology*, 15, 1–9.

28 Gaulin, S. J. C., McBurney, D. H. and Brakeman-Wartell, S. L. (1997), 'Matrilateral biases in the investment of aunts and uncles: a consequence and measure of paternity uncertainty', *Human Nature*, 8, 139–51.

29 Rousseau, J. J. (1754/1984) *A Discourse on Inequality*. Harmondsworth: Penguin.

30 Strassmann, J. E. and Queller, D. C. (2014), 'Privatization and property in biology', *Animal Behaviour*, 92, 305–11.

31 Riedl, K., Jensen, K., Call, J. and Tomasello, M. (2012), 'No third-party punishment in chimpanzees', *Proceedings of the National Academy of Sciences*, 109, 14824–9.

32 Rossano, F., Rakoczy, H. and Tomasello, M. (2011), 'Young children's understanding of violations of property rights', *Cognition*, 121, 219–27.

33 Slaughter, V. (2015), 'Theory of mind in infants and young children: a review', *Australian Psychologist*, 50, 169–72.

34 Guala, F. (2012), 'Reciprocity: weak or strong? What punishment experiments do (and do not) demonstrate', *Behavioral and Brain Sciences*, 35, 1–15.

35 Lewis, H. M., et al. (2014), 'High mobility explains demand sharing and enforced cooperation in egalitarian hunter-gatherers', *Nature Communications*, 5, 5789.

36 https://www.youtube.com/watch?v=UGttmR2DTY8.

37 Tilley, N., et al. (2015), 'Do burglar alarms increase burglary risk? A counter-intuitive finding and possible explanations', *Crime Prevention and Community Safety*, 17, 1–19.

38 Fischer, P., et al. (2011), 'The bystander-effect: a meta-analytic review on bystander intervention in dangerous and non-dangerous emergencies', *Psychological Bulletin*, 137, 517–37.

39 Hardin, G. (1968), 'The tragedy of the commons', *Science*, 162, 1243–8.

40 Lloyd, W. F. (1833/1968), *Two Lectures on the Checks to Population*. New York: Augustus M. Kelley.

41 Crowther, T. W., et al. (2015), 'Mapping tree density at a global scale', *Nature*, 525, 201–5.

42 Gowdy, J. (2011), 'Hunter-gatherers and the mythology of the market', https://libcom.org/history/hunter-gatherers-mythology-market-john-gowdy.

43 Sahlins, M. (1972), *Stone Age Economics*. Chicago: Aldine Publishing.

44 http://www.rewild.com/in-depth/leisure.html.

第三章　所有權的起源

1 http://www.usatoday.com/story/news/nation-now/2015/10/01/banksy-mural-detroit-michigan-auction/73135144/.

2 https://www.corby.gov.uk/home/environmental-services/street-scene/enviro-crime/graffiti.

3 http://www.bristolpost.co.uk/banksy-s-bristol-exhibition-brought-163-15-million-city/story-11271699-detail/story.html.

4 http://news.bbc.co.uk/1/hi/uk/6575345.stm.

5 http://www.tate.org.uk/art/artworks/duchamp-fountain-t07573/text-summary.

6 Naumann, Francis M. (2003), 'Marcel Duchamp: money is no object. The art of defying the art market', *Art in America*, April.

7 Furby, L. (1980), 'The origins and early development of possessive behavior', *Political Psychology*, 2, 30–42.

8 White, R. W. (1959), 'Motivation reconsidered: the concept of competence', *Psychological Review*, 66, 297–333.

9 Fernald, A. and O'Neill, D. K. (1993), 'Peekaboo across cultures: how mothers and infants play with voices, faces and expressions'. In K. McDonald, ed., *Parent–Child Play: Descriptions and Implications*. Albany, NY: State University of New York Press.

10 Seligman, M. E. P. (1975), *Helplessness*. San Francisco: Freeman.

11 Goldstein, K. (1908), 'Zur lehre von de motorischen', *Journal für Psychologie und Neurologie*, 11, 169–87.

12 Finkelstein, N. W., et al. (1978), 'Social behavior of infants and toddlers in a day-care environment', *Developmental Psychology*, 14, 257–62.

13 Ibid.

14 Hay, D. F. and Ross, H. S. (1982), 'The social nature of early conflict', *Child Development*, 53, 105–13.

15 Dunn, J. and Munn, P. (1985), 'Becoming a family member: family conflict and the development of social understanding in the second year', *Child Development*, 56, 480–92.

16 Mueller, E. and Brenner, J. (1977), 'The origins of social skills and interaction among playgroup toddlers', *Child Development*, 48, 854–61.

17 Krebs, K. (1975), 'Children and their pecking order', *New Society*, 17, 127–8.

18 Vandell, D. (1976), 'Boy toddlers' social interaction with mothers, fathers, and peers'. Unpublished doctoral dissertation, Boston University.

19 Hay, D. F. and Ross, H. S. (1982), 'The social nature of early conflict', *Child Development*, 53, 105–13.

20 Burford, H. C., et al. (1996), 'Gender differences in preschoolers' sharing behavior', *Journal of Social Behavior and Personality*, 11, 17–25.

21 Whitehouse, A. J. O., et al. (2012), 'Sex-specific associations between umbilical cord blood testosterone levels and language delay in early childhood', *Journal of Child Psychology and Psychiatry*, 53, 726–34.

22 In 1994, Andrew De Vries, 28, from Aberdeen, was shot after he knocked on the back door of a house in Dallas, Texas, apparently seeking a taxi for himself and a Scottish colleague. The owner fired through the door. https://www.nytimes.com/1994/01/08/us/homeowner-shoots-tourist-by-mistake-in-texas-police-say.html.

23 https://www.inverse.com/article/18683-pokemon-go-not-license-trespass-get-off-my-lawn.

24 https://www.nps.gov/yell/planyourvisit/rules.htm.

25 Blake, P. R. and Harris, P. L. (2011), 'Early representations of ownership'. In H. Ross & O. Friedman, eds., *Origins of Ownership of Property*. New Directions for Child and Adolescent Development, 132. San Francisco: Jossey-Bass, pp. 39–51.

26 Friedman, O. and Neary, K. R. (2008), 'Determining who owns what: do children infer ownership from first possession?' *Cognition*, 107, 829–49.

27 Hay, D. F. (2006), 'Yours and mine: toddlers' talk about possessions with familiar peers', *British Journal of Developmental Psychology*, 24, 39–52.

28 Nelson, K. (1976), 'Some attributes of adjectives used by young children', *Cognition*, 4, 13–30.

29 Rodgon, M. M. and Rashman, S. E. (1976), 'Expression of owner-owned relationships among holophrastic 14- and 32-month-old children', *Child Development*, 47, 1219–22.

30 Friedman, O., et al. (2011), 'Ownership and object history'. In H. Ross & O. Friedman, eds., *Origins of Ownership of Property*. New Directions for Child and Adolescent Development, 132. San Francisco: Jossey-Bass, pp. 79–89.

31 Preissler, M. A. and Bloom, P. (2008), 'Two-year-olds use artist intention to understand drawings', *Cognition*, 106, 512–18.

32 Kanngiesser, P., Gjersoe, N. L and Hood, B. (2010), 'The effect of creative labor on property-ownership transfer by preschool children and adults', *Psychological Science*, 21, 1236–41.

33 Kanngiesser, P., Itakura, S. and Hood, B. (2014), 'The effect of labour across cultures: developmental evidence from Japan and the UK', *British Journal of Developmental Psychology*, 32, 320–29.

34 Kanngiesser, P. and Hood, B. (2014), 'Not by labor alone: considerations for value influences use of the labor rule in ownership judgments', *Cognitive Science*, 38, 353–66.
35 https://www.bloomberg.com/view/articles/2014-11-14/why-pay-15-million-for-a-white-canvas.
36 https://www.telegraph.co.uk/news/worldnews/northamerica/usa/7835931/Florida-heiress-leaves-3m-and-Miami-mansion-to-chihuahua.html.
37 Noles, N. S., et al. (2012), 'Children's and adults' intuitions about who can own things', *Journal of Cognition and Culture*, 12, 265–86.
38 Ibid.
39 Martin, C. L. and Ruble, D. (2004), 'Children's search for gender cues: cognitive perspectives on gender development', *Current Directions in Psychological Science*, 13, 67–70.
40 Kahlenberg, S. M. and Wrangham, R. W. (2010), 'Sex differences in chimpanzees' use of sticks as play objects resemble those of children', *Current Biology*, 20, 1067–8.
41 Miller, C. F., et al. (2013), 'Bringing the cognitive and social together: how gender detectives and gender enforcers shape children's gender development'. In M. R. Banaji and S. A. Gelman, eds., *Navigating the Social World: What Infants, Children, and Other Species Can Teach Us*. New York: Oxford University Press.
42 Malcolm, S., Defeyter, M. A. and Friedman, O. (2014), 'Children and adults use gender and age stereotypes in ownership judgments', *Journal of Cognition and Development*, 15, 123–35.
43 Winnicott, D. W. (1953), 'Transitional objects and transitional phenomena', *International Journal of Psychoanalysis*, 34, 89–97.
44 Lehman, E. B., Arnold, B. E. and Reeves, S. L. (1995), 'Attachment to blankets, teddy bears and other non-social objects: a child's perspective', *Journal of Genetic Psychology: Research and Theory on Human Development*, 156, 443–59.
45 Hong, K. M. and Townes, B. D. (1976), 'Infants' attachment to inanimate objects. A cross-cultural study', *Journal of the American Academy of Child Psychiatry*, 15, 49–61.
46 Passman, R. H. (1987), 'Attachments to inanimate objects: are children who have security blankets insecure?' *Journal of Consulting and Clinical Psychology*, 55, 825–30.
47 Hood, B. M. and Bloom, P. (2008), 'Children prefer certain individuals to perfect duplicates', *Cognition*, 106, 455–62.
48 Fortuna, K., et al. (2014), 'Attachment to inanimate objects and early childcare: a twin study', *Frontiers in Psychology*, 5, 486.

49 Gjersoe, N. L, Hall, E. L. and Hood, B. (2015), 'Children attribute mental lives to toys only when they are emotionally attached to them', *Cognitive Development*, 34, 28–38.

50 Hood, B., et al. (2010), 'Implicit voodoo: electrodermal activity reveals a susceptibility to sympathetic magic', *Journal of Culture & Cognition*, 10, 391–9.

51 Harlow, H. F., Dodsworth, R. O. and Harlow, M. K. (1965), 'Total social isolation in monkeys', *Proceedings of the National Academy of Sciences*, 54, 90–97.

第四章　這樣才公平

1 Shorrocks, A., Davies, J. and Lluberas, R. (2015), 'Credit Suisse Global Wealth Report', Credit Suisse.

2 Mishel, L. and Sabadish, N. (2013), 'CEO Pay in 2012 was Extraordinarily High Relative to Typical Workers and Other High Earners', Economic Policy Institute.

3 Norton, M. I. and Ariely, D. (2011), 'Building a better America – one wealth quintile at a time', *Perspectives on Psychological Science*, 6, 1–9.

4 Bechtel, M. M., Liesch, R. and Scheve, K. F. (2018), 'Inequality and redistribution behavior in a give-or-take game', *Proceedings of the National Academy of Sciences*, 115, 3611–16.

5 Somerville, J., et al. (2013), 'The development of fairness expectations and prosocial behavior in the second year of life', *Infancy*, 18, 40–66.

6 Olson, K. R. and Spelke, E. S. (2008), 'Foundations of cooperation in young children', *Cognition*, 108, 222–31.

7 Shaw, A. and Olson, K. R. (2012), 'Children discard a resource to avoid inequity', *Journal of Experimental Psychology: General*, 141, 383–95.

8 Shaw, A., DeScioli, P. and Olson, K. R. (2012), 'Fairness versus favoritism in children', *Evolution and Human Behavior*, 33, 736–45.

9 Starmans, C., Sheskin, M. and Bloom, P. (2017), 'Why people prefer unequal societies', *Nature Human Behaviour*, 1, 82, DOI: 10.1038/s41562-017-0082.

10 Baumard, N., Mascaro, O. and Chevallier, C. (2012), 'Preschoolers are able to take merit into account when distributing goods', *Developmental Psychology*, 48, 492–8.

11 Norton, M. I. and Ariely, D. (2011), 'Building a better America – one wealth quintile at a time', *Perspectives on Psychological Science*, 6, 1–9.

12 Norton, M. I. (2014), 'Unequality: who gets what and why it matters', *Policy Insights from the Behavioral and Brain Sciences*, 1, 151–5.

13 Savani, K. and Rattam, A. (2012), 'A choice mind-set increases the acceptance and maintenance of wealth inequality', *Psychological Science*, 23, 796–804.
14 *Giving USA 2015: The Annual Report on Philanthropy for the Year 2014*. Chicago: Giving USA Foundation, p. 26; https://www.civilsociety.co.uk/.
15 Persky, J. (1995), 'Retrospectives: the ethology of Homo Economicus', *Journal of Economic Perspectives*, 9, 221–3.
16 Carter, G. G. and Wilkinson, G. S. (2015), 'Social benefits of non-kin food sharing by female vampire bats', *Philosophical Transactions of the Royal Society B: Biological Sciences*, 282, https://doi.org/10.1098/rspb.2015.2524.
17 Tomasello, M. (2009), *Why We Cooperate*. Cambridge, MA: MIT Press.
18 Carter, G. and Leffer, L. (2015), 'Social grooming in bats: are vampire bats exceptional?' *PLoS ONE*, 10 (10): e0138430, doi:10.1371/journal.pone.0138430.
19 Hemelrijk, C. K. and Ek, A. (1991), 'Reciprocity and interchange of grooming and support in captive chimpanzees', *Animal Behaviour*, 41, 923–35.
20 Batson, C. D., et al. (1997), 'In a very different voice: unmasking moral hypocrisy', *Journal of Personality and Social Psychology*, 72, 1335–48.
21 Diener, E. and Wallbom, M. (1976), 'Effects of self-awareness on antinormative behavior', *Journal of Research in Personality*, 10, 107–11.
22 Beaman, A. L., Diener, E. and Klentz, B. (1979), 'Self-awareness and transgression in children: two field studies', *Journal of Personality and Social Psychology*, 37, 1835–46.
23 Bering, J. M. (2006), 'The folk psychology of souls', *Behavioral and Brain Sciences*, 29, 453–98.
24 Darley, J. M. and Batson, C. D. (1973), 'From Jerusalem to Jericho: a study of situational and dispositional variables in helping behavior', *Journal of Personality and Social Psychology*, 27, 100–108.
25 Shariff, A. F., et al. (2016), 'Religious priming: a meta-analysis with a focus on prosociality', *Personality and Social Psychology Review*, 20 (1), 27–48.
26 Duhaime, E. P. (2015), 'Is the call to prayer a call to cooperate? A field experiment on the impact of religious salience on prosocial behaviour', *Judgement and Decision Making*, 10, 593–6.
27 Shariff, A. F. and Norenzayan, A. (2007), 'God is watching you: priming God concept increases prosocial behavior in an anonymous economic game', *Psychological Science*, 18, 803–9.

28 Merritt, A. C., Effron, D. A. and Monin, B. (2010), 'Moral self-licensing: when being good frees us to be bad', *Social and Personality Psychology Compass*, 4, 344–57.

29 Sachdeva, S., Iliev, R. and Medin, D. L. (2009), 'Sinning saints and saintly sinners: the paradox of moral self-regulation', *Psychological Science*, 20, 523–8.

30 Henrich, J., et al. (2005), '"Economic man" in cross-cultural perspective: behavioral experiments in 15 small-scale societies', *Behavioral and Brain Sciences*, 28, 795–815.

31 Sanfey, A. G., et al. (2003), 'The neural basis of economic decision-making in the ultimatum game', *Science*, 300, 1755–8.

32 Blount, S. (1995), 'When social outcomes aren't fair: the effect of causal attributions on preferences', *Organizational Behavior & Human Decision Processes*, 63, 131–44.

33 Jensen, K., Call, J. and Tomasello, M. (2007), 'Chimpanzees are vengeful but not spiteful', *Proceedings of the National Academy of Sciences*, 104, 13046–50.

34 Nowak, M. (2012), *Supercooperators: Altruism, Evolution, and Why We Need Each Other to Succeed*. New York: Free Press.

35 https://www.theguardian.com/science/head-quarters/2016/jul/05/deal-or-no-deal-brexit-and-the-allure-of-self-expression.

36 Yamagishi, Y., et al. (2012), 'Rejection of unfair offers in the ultimatum game is no evidence of strong reciprocity', *Proceedings of the National Academy of Sciences*, 109, 20364–8.

37 Yamagishi, Y., et al. (2009), 'The private rejection of unfair offers and emotional commitment', *Proceedings of the National Academy of Sciences*, 106, 11520–23.

38 Xiao, E. and Houser, D. (2005), 'Emotion expression in human punishment behavior', *Proceedings of the National Academy of Sciences*, 102, 7398–401.

39 Ong, Q., et al. (2013), 'The self-image signaling roles of voice in decision-making', https://econpapers.repec.org/paper/nanwpaper/1303.htm.

40 Hamann, K., et al. (2012), 'Collaboration encourages equal sharing in children but not in chimpanzees', *Nature*, 476, 328–31.

41 https://www.theguardian.com/commentisfree/2017/may/24/blood-donor-service-manchester-attack.

42 Li, Y., et al. (2013), 'Experiencing a natural disaster alters children's altruistic giving', *Psychological Science*, 24, 1686–95.

43 Andreoni, J. (1990), 'Impure altruism and donations to public goods: a theory of warm-glow giving', *The Economic Journal*, 100, 464–77.

44 Crumpler, H. and Grossman, P. J. (2008), 'An experimental test of warm glow giving', *Journal of Public Economics*, 92, 1011–21.
45 Titmuss, R. M. (1970), *The Gift Relationship*. London: Allen and Unwin.
46 Mellström, C. and Johannesson, M. (2008), 'Crowding out in blood donation. Was Titmuss right?' *Journal of the Economic Association*, 6, 845–63.
47 Ferguson, E., et al. (2012), 'Blood donors' helping behavior is driven by warm glow: more evidence for the blood donor benevolence hypothesis', *Transfusion*, 52, 2189–200.
48 Smith, A. (1759), 'Of Sympathy', in *The Theory of Moral Sentiments*. London: A Millar, pt 1, sec. 1, ch. 1.
49 Xu, X., et al. (2009), 'Do you feel my pain? Racial group membership modulates empathic neural responses', *Journal of Neuroscience*, 29, 8525–9.

第五章　擁有、財富與幸福

1 Smith, A. (1759), *The Theory of Moral Sentiments*. London: A Millar, pt 1, sec. 3, ch. 2.
2 http://www.nytimes.com/2010/03/19/world/asia/19india.html.
3 Jaikumar, S. and Sarin, A. (2015), 'Conspicuous consumption and income inequality in an emerging economy: evidence from India', *Marketing Letters*, 26, 279–92.
4 https://www.independent.co.uk/news/world/americas/donald-trump-bill-gates-hiv-hpv-daughter-jennifer-looks-helicopter-a8357141.html.
5 Wallman, J. (2015), *Stuffocation: Living More with Less*. London: Penguin.
6 Trentmann, F. (2017), *Empire of Things: How We Became a World of Consumers, from the Fifteenth Century to the Twenty-First*. London: Penguin.
7 Beder, S. (2004), 'Consumerism: an historical perspective', *Pacific Ecologist*, 9, 42–8.
8 Zevin, D. and Edy, C. (1997), 'Boom time for Gen X', *US News and World Report*, 20 October.
9 Turner, C. (2105), 'Homes Through the Decades', NHBC Foundation, http://www.nhbc.co.uk/cms/publish/consumer/NewsandComment/HomesThroughTheDecades.pdf.
10 Veblen, T. (1899), *The Theory of the Leisure Class: An Economic Study of Institutions*. New York: Macmillan.

11 Loyau, A., et al. (2005), 'Multiple sexual advertisements honestly reflect health status in peacocks (*Pavo cristatus*)', *Behavioral Ecology and Sociobiology*, 58, 552–7.

12 Petrie, M. and Halliday, T. (1994), 'Experimental and natural changes in the peacock's (*Pavo cristatus*) train can affect mating success', *Behavioral Ecology and Sociobiology*, 35, 213–17.

13 Nave, G., et al. (2018), 'Single-dose testosterone administration increases men's preference for status goods', *Nature Communications*, 9, 2433, DOI: 10.1038/s41467-018-04923-0.

14 http://www.bain.com/publications/articles/luxury-goods-worldwide-market-study-fall-winter-2016.aspx.

15 Nelissen, R. M. A. and Meijers, M. H. C. (2011), 'Social benefits of luxury brands as costly signals of wealth and status', *Evolution and Human Behavior*, 32, 343–55.

16 Gjersoe, N. L., et al. (2014), 'Individualism and the extended-self: cross-cultural differences in the valuation of authentic objects', *PLoS ONE*, 9 (3), e90787, doi:10.1371/journal.pone.0090787.

17 https://nypost.com/2016/06/21/trump-has-been-giving-out-fake-diamond-cuff-links-for-years/.

18 Schmidt, L., et al. (2017), 'How context alters value: the brain's valuation and affective regulation systems link price cues to experienced taste pleasantness', *Scientific Reports*, 7, 8098.

19 Gino, F., Norton, M. I. and Ariely, D. A. (2010), 'The counterfeit self: the deceptive costs of faking it', *Psychological Science*, 21, 712–20.

20 Bellezza, S., Gino, F. and Keinan, A. (2014), 'The red sneakers effect: inferring status and competence from signals of nonconformity', *Journal of Consumer Research*, 41, 35–54.

21 Ward, M. K. and Dahl, D. W. (2014), 'Should the Devil sell Prada? Retail rejection increases aspiring consumers' desire for the brand', *Journal of Consumer Research*, 41, 590–609.

22 http://www.dailymail.co.uk/femail/article-2822546/As-Romeo-Beckham-stars-new-ad-Burberry-went-chic-chav-chic-again.html.

23 Eckhardt, G., Belk, R. and Wilson, J. (2015), 'The rise of inconspicuous consumption', *Journal of Marketing Management*, 31, 807–26.

24 Smith, E. A., Bliege Bird, R. L. and Bird. D. W. (2003), 'The benefits of costly signaling: Meriam turtle hunters', *Behavioral Ecology*, 14, 116–26.

25 Frank. R. H. (1999), *Luxury Fever: Why Money Fails to Satisfy in an Era of Excess*. Princeton, NJ: Princeton University Press.

26 Whillans, A. V., Weidman, A. C. and Dunn, E. W. (2016), 'Valuing time over money is associated with greater happiness', *Social Psychological and Personality Science*, 7, 213–22.
27 Hershfield, H. E., Mogilner, C. and Barnea, U. (2016), 'People who choose time over money are happier', *Social Psychological and Personality Science*, 7, 697–706.
28 Nickerson, C., et al. (2003), 'Zeroing in on the dark side of the American Dream: a closer look at the negative consequences of the goal for financial success', *Psychological Science*, 14, 531–6.
29 Quartz, S. and Asp, A. (2015), *Cool: How the Brain's Hidden Quest for Cool Drives Our Economy and Shapes Our World*. New York: Farrar, Straus and Giroux.
30 Frank, R. H. (1985), *Choosing the Right Pond: Human Behavior and the Quest for Status*. New York: Oxford University Press.
31 Solnicka, S. J. and Hemenway, D. (1998), 'Is more always better? A survey on positional concerns', *Journal of Economic Behavior & Organization*, 37, 373–83.
32 Medvec, V. H., Madey, S. F. and Gilovich, T. (1995), 'When less is more: co unterfactual thinking and satisfaction among Olympic medalists', *Journal of Personality and Social Psychology*, 69, 603–10.
33 de Castro, J. M. (1994), 'Family and friends produce greater social facilitation of food intake than other companions', *Physiology & Behavior*, 56, 445–55.
34 Doob, A. N. and Gross, A. E. (1968), 'Status of frustrator as an inhibitor of horn-honking responses', *Journal of Social Psychology*, 76, 213–18.
35 Holt-Lunstad, J., et al. (2015), 'Loneliness and social isolation as risk factors for mortality: a meta-analytic review', *Perspectives on Psychological Science*, 10, 227–37.
36 Festinger, L. (1954), 'A theory of social comparison processes', *Human Relations*, 7, 117–40.
37 Charles, K. K., Hurst, E. and Roussanov, N. (2009), 'Conspicuous consumption and race', *Quarterly Journal of Economics*, 124 (2), 425–67.
38 Jaikumar, S., Singh, R. and Sarin, A. (2017), ' "I show off, so I am well off": subjective economic well-being and conspicuous consumption in an emerging economy', *Journal of Business Research*, DOI: 10.1016/j.jbusres.2017.05.027.
39 Charles, K. K., Hurst, E. and Roussanov, N. (2009), 'Conspicuous consumption and race', *Quarterly Journal of Economics*, 124 (2), 425–67.

40 Kaus, W. (2010), 'Conspicuous Consumption and Race: Evidence from South Africa', Papers on Economics and Evolution, No. 1003, Max-Planck-Institute für Ökonomik, Jena.
41 http://www.epi.org/publication/black-white-wage-gaps-expand-with-rising-wage-inequality/.
42 Zizzo, D. J. (2003), 'Money burning and rank egalitarianism with random dictators', *Economics Letters*, 81, 263–6.
43 Joseph, J. E., et al. (2008), 'The functional neuroanatomy of envy'. In R. H. Smith, ed., *Envy: Theory and Research*. Oxford: Oxford University Press, pp. 290–314.
44 van de Ven, N., et al. (2015), 'When envy leads to schadenfreude', *Cognition and Emotion*, 29, 1007–25.
45 van de Ven, N., Zeelenberg, M. and Pieters, R. (2015), 'Leveling up and down: the experiences of benign and malicious envy', *Emotion*, 9, 419–29.
46 van de Ven, N., Zeelenberg, M. and Pieters, R. (2015), 'The envy premium in product evaluation', *Journal of Consumer Research*, 37, 984–98.
47 Taute, H. A. and Sierra, J. (2014), 'Brand tribalism: an anthropological perspective', *Journal of Product & Brand Management*, 23, 2–15.
48 https://www.independent.co.uk/news/business/news/brexit-latest-news-fat-cat-pay-rethink-cipd-report-a7584391.html.
49 https://www.statista.com/statistics/424159/pay-gap-between-ceos-and-average-workers-in-world-by-country/.
50 https://www.usatoday.com/story/money/2017/05/23/ceo-pay-highest-paid-chief-executive-officers-2016/339079001/.
51 https://www.theguardian.com/media/greenslade/2016/aug/08/why-news paper-editors-like-fat-cats-they-help-to-sell-newspapers.
52 http://www.dailymail.co.uk/tvshowbiz/article-4209686/Ruby-Rose-hints-tall-poppy-syndrome-Australia.html.
53 Nishi, C. L., et al. (2015), 'Inequality and visibility of wealth in experimental social networks', *Nature*, 526, 426–29.
54 Easterlin, R. A. (1974), 'Does economic growth improve the human lot?' In Paul A. David and Melvin W. Reder, eds., *Nations and Households in Economic Growth: Essays in Honor of Moses Abramovitz*. New York: Academic Press.
55 https://www.ft.com/content/dd6853a4-8853-11da-a25e-0000779e2340.
56 Diener, E. (2006), 'Guidelines for national indicators of subjective well-being and ill-being', *Journal of Happiness Studies*, 7, 397–404.
57 Kahneman, D. and Deaton, A. (2010), 'High income improves evaluation of life but not emotional well-being', *Proceedings of the National Academy of Sciences*, 107, 16489–93.

58 Gilovich, T. and Kumar, A. (2015), 'We'll always have Paris: the hedonic payoff from experiential and material investments', *Advances in Experimental Social Psychology*, 51, 147–87.
59 Nawijn, J., et al. (2010), 'Vacationers happier, but most not happier after a holiday', *Applied Research in Quality of Life*, 5, 35–47.
60 Loftus, E. (1979), 'The malleability of human memory', *American Scientist*, 67, 312–20.
61 Matlin, M. W. and Stang, D. J (1978), *The Pollyanna Principle: Selectivity in Language, Memory, and Thought*. Cambridge, MA: Schenkman Publishing Co.
62 Oerlemans, W. G. M. and Bakker, A. B. (2014), 'Why extraverts are happier: a day reconstruction study', *Journal of Research in Personality*, 50, 11–22.
63 Matz, S. C., Gladston, J. J. and Stillwell, D. (2016), 'Money buys happiness when spending fits our personality', *Psychological Science*, 27, 715–25.
64 Lee, J. C., Hall, D. L. and Wood, W. (2018), 'Experiential or material purchases? Social class determines purchase happiness', *Psychological Science*, https://doi.org/10.1177/0956797617736386.
65 https://www.ons.gov.uk/peoplepopulationandcommunity/leisureandtourism/articles/traveltrends/2015#travel-trends-2015-main-findings.
66 https://www.forbes.com/sites/deborahweinswig/2016/09/07/millennials-go-minimal-the-decluttering-lifestyle-trend-that-is-taking-over/#1d955a583755.
67 https://www.mewssystems.com/blog/why-hotels-are-so-wasteful-and-how-they-can-stop.
68 Lenzen, M., et al. (2018), 'The carbon footprint of global tourism', *Nature Climate Change*, 8, 522–8.

第六章　我們擁有什麼，我們就是什麼

1 https://www.caba.org.uk/help-and-guides/information/coping-emotional-impact-burglary.
2 http://www.huffingtonpost.com/2015/04/21/self-storage-mcdonalds_n_7107822.html.
3 James, W. (1890), *Principles of Psychology*. New York: Henry Holt & Co.
4 Sartre, J.-P. (1943/1969), *Being and Nothingness: A Phenomenological Essay on Ontology*. New York: Philosophical Library/London: Methuen.
5 McCracken, G. (1990), *Culture and Consumption*. Bloomington, Ind.: Indiana University Press.

6 Shoumatoff, A. (2014), 'The Devil and the art dealer', *Vanity Fair*, April, https://www.vanityfair.com/news/2014/04/degenerate-art-cornelius-gurlitt-munich-apartment.
7 Prelinger, E. (1959), 'Extension and structure of the self', *Journal of Psychology*, 47, 13–23.
8 Dixon, S. C. and Street, J. W. (1975), 'The distinction between self and non-self in children and adolescents', *Journal of Genetic Psychology*, 127, 157–62.
9 Belk, R. (1988), 'Possessions and the extended self', *Journal of Consumer Research*, 15, 139–68.
10 https://www.theguardian.com/music/2017/jan/03/record-sales-vinyl-hits-25-year-high-and-outstrips-streaming.
11 Marx, K. (1990), *Capital*. London: Penguin Classics.
12 Nemeroff, C. J. and Rozin, P. (1994), The contagion concept in adult thinking in the United States: transmission of germs and of interpersonal influence', *Ethos: Journal of the Society for Psychological Anthropology*, 22, 158–86.
13 Lee, C., et al. (2011), 'Putting like a pro: the role of positive contagion in golf performance and perception', *PLoS ONE*, 6 (10), e26016.
14 Damisch, L., Stoberock, B. and Mussweiler, T. (2010), 'Keep your fingers crossed! How superstition improves performance', *Psychological Science*, 21, 1014–20.
15 Vohs, K. (2015), 'Money priming can change people's thoughts, feelings, motivations, and behaviors: an update on 10 years of experiments', *Journal of Experimental Psychology: General*, 144, 8693.
16 Belk, R. (1988), 'Possessions and the extended self', *Journal of Consumer Research*, 15, 139–68.
17 Belk, R. W. (2013), 'Extended self in a digital world', *Journal of Consumer Research*, 40, 477–500.
18 Vogel, E. A., et al. (2015), 'Who compares and despairs? The effect of social comparison orientation on social media use and its outcomes', *Personality and Individual Differences*, 86, 249–56.
19 Hood, B. (2012), *The Self Illusion*. New York: Oxford University Press.
20 Evans, C. (2018), '1.7 million U.S Facebook users will pass away in 2018', The Digital Beyond, http://www.thedigitalbeyond.com/2018/01/1-7-million-u-s-facebook-users-will-pass-away-in-2018/.
21 Öhman, C. and Floridi, L. (2018), 'An ethical framework for the digital afterlife industry', *Nature Human Behavior*, 2, 318–20.
22 Henrich, J., Heine, S. J. and Norenzayan, A. (2010), 'The weirdest people in the world?' *Behavioral and Brain Sciences*, 33, 61–135.

23 Nisbett, R. E. (2003), *The Geography of Thought*. New York: Free Press.
24 Rochat, P., et al. (2009), 'Fairness in distributive justice by 3- and 5-year-olds across 7 cultures', *Journal of Cross-Cultural Psychology*, 40, 416–42.
25 Weltzien, S., et al. (forthcoming), 'Considering self or others across two cultural contexts: how children's prosocial behaviour is affected by self-construal manipulations', *Journal of Experimental Child Psychology*.
26 Best, E. (1924), *The Maori, Vol. 1*. Wellington, New Zealand: H. H. Tombs, p. 397.
27 Masuda, T. and Nisbett, R. E. (2001), 'Attending holistically vs analytically: comparing the context sensitivity of Japanese and Americans', *Journal of Personality & Social Psychology*, 81, 922–34.
28 Kitayama, S., et al. (2003), 'Perceiving an object and its context in different cultures', *Psychological Science*, 14, 201–6.
29 Gutchess, A. H., et al. (2006), 'Cultural differences in neural function associated with object processing', *Cognitive Affective Behavioral Neuroscience*, 6, 102–9.
30 Hedden, T., et al. (2008), 'Cultural influences on neural substrates of attentional control', *Psychological Science*, 19, 12–17.
31 Tang, Y., et al. (2006), 'Arithmetic processing in the brain shaped by cultures', *Proceedings of the National Academy of Sciences*, 103, 10775–80.
32 Zhu, Y., et al. (2007), 'Neural basis of cultural influence on self representation', *NeuroImage*, 34, 1310–17.
33 Kobayashi, C., Glover, G. H. and Temple, E. (2006), 'Cultural and linguistic influence on neural bases of theory of mind: an fMRI study with Japanese bilinguals', *Brain & Language*, 98, 210–20.
34 Gardner, W. L., Gabriel, S. and Lee, A. Y. (1999), ' "I" value freedom, but "we" value relationships: self-construal priming mirrors cultural differences in judgment', *Psychological Science*, 10, 321–26.
35 Kiuchi, A. (2006), 'Independent and interdependent self-construals: ramifications for a multicultural society', *Japanese Psychological Research*, 48, 1–16.
36 Han, S. and Humphreys, G. (2016), 'Self-construal: a cultural framework for brain function', *Current Opinion in Psychology*, 8, 10–14.
37 Bruner, J. S. (1951), 'Personality dynamics and the process of perceiving'. In R. R. Blake and G. V. Ramsey, eds., *Perception: An Approach to Personality*. New York: Ronald Press.

38 Mumford, L. (1938), *The Culture of Cities*. New York: Harcourt, Brace and Company.

39 Turner, F. J. (1920), *The Frontier in American History*. New York: Henry Holt & Co.

40 Vandello, J. A. and Cohen, D. (1999), 'Patterns of individualism and collectivism across the United States', *Journal of Personality and Social Psychology*, 77, 279–92.

41 Kitayama, S., et al. (2006), 'Voluntary settlement and the spirit of independence: evidence from Japan's "northern frontier"', *Journal of Personality and Social Psychology*, 91, 369–84.

42 Santos, H. C., Varnum, M. E. W. and Grossmann, I. (2017), 'Global increases in individualism', *Psychological Science*, 28, 1228–39.

43 Yu, F., et al. (2016), 'Cultural value shifting in pronoun use', *Journal of Cross-Cultural Psychology*, 47, 310–16.

44 Grossmann, I. and Varnum, M. E. W. (2015), 'Social structure, infectious diseases, disasters, secularism, and cultural change in America', *Psychological Science*, 26, 311–24.

45 Piaget, J. and Inhelder, B. (1969), *The Psychology of the Child*. New York: Basic Books.

46 Rodriguez, F. A., Carlsson, F. and Johansson-Stenman, O. (2008), 'Anonymity, reciprocity, and conformity: evidence from voluntary contributions to a national park in Costa Rica', *Journal of Public Economics*, 92, 1047–60.

47 Gächter, S. and Herrmann, B. (2009), 'Reciprocity, culture, and human cooperation: previous insights and a new cross-cultural experiment', *Philosophical Transactions of the Royal Society B: Biological Sciences*, 364, 791–80.

48 Cunningham, S., et al. (2008), 'Yours or mine? Ownership and memory', *Consciousness and Cognition*, 17, 312–18.

49 Cunningham, S., et al. (2013), 'Exploring early self-referential memory effects through ownership', *British Journal of Developmental Psychology*, 31, 289–301.

50 Rogers, T. B., Kuiper, N. A. and Kirker, W. S. (1977), 'Self-reference and the encoding of personal information', *Journal of Personality and Social Psychology*, 35, 677–88.

51 Turk, D. J., et al. (2011), 'Mine and me: exploring the neural basis of object ownership', *Journal of Cognitive Neuroscience*, 11, 3657–68.

52 Zhu, Y., et al. (2007), 'Neural basis of cultural influence on self-representation', *NeuroImage*, 34, 1310–16.

53 Shavitt, S. and Cho, H. (2016), 'Culture and consumer behavior: the role of horizontal and vertical cultural factors', *Current Opinion in Psychology*, 8, 149–54.
54 Shavitt, S., Johnson, T. P. and Zhang, J. (2011), 'Horizontal and vertical cultural differences in the content of advertising appeals', *Journal of International Consumer Marketing*, 23, 297–310.
55 https://www.theguardian.com/books/2016/dec/11/undoing-project-michael-lewis-review-amos-tversky-daniel-kahneman-behavioural-psychology.
56 Kahneman, D. and Tversky, A. (1984), 'Choices, values, and frames', *American Psychologist*, 39, 341–50.
57 Kahneman, D. (2012), *Thinking, Fast and Slow*. London: Penguin.
58 Brickman, P., Coates, D. and Janoff-Bulman, R. (1978), 'Lottery winners and accident victims: is happiness relative?' *Journal of Personality and Social Psychology*, 36, 917–27.
59 Lindqvist, E., Östling, R. and Cecarini, D. (2018), *Long-run Effects of Lottery Wealth on Psychological Well-being*. Working Paper Series 1220, Research Institute of Industrial Economics.
60 Rosenfeld, P. J., Kennedy, G. and Giacalone, R. A. (1986), 'Decision making: a demonstration of the postdecision dissonance effect', *Journal of Social Psychology*, 126, 663–5.
61 Langer, E. (1975), 'The illusion of control', *Journal of Personality and Social Ps*ychology, 32, 311–28.
62 van de Ven, N. and Zeelenberg, M. (2011), 'Regret aversion and the reluctance to exchange lottery tickets', *Journal of Economic Psychology*, 32, 194–200.
63 Gilovich, T., Medvec, V. H. and Chen, S. (1995), 'Commission, omission, and dissonance reduction: coping with regret in the "Monty Hall" problem', *Personality and Social Psychology Bulletin*, 21, 185–90.
64 Hintze, A., et al. (2015), 'Risk sensitivity as an evolutionary adaptation', *Science Reports*, 5, 8242, doi:10.1038/srep08242.
65 Dunbar, R. (1993), 'Coevolution of neocortical size, group size and language in humans', *Behavorial and Brain Sciences*, 16, 681–735.
66 Cronqvist, H. and Siegel, S. (2014), 'The genetics of investment biases', *Journal of Financial Economics*, 113, 215–34.
67 Rangel, A., Camerer, C. and Montague, P. R. (2008), 'A framework for studying the neurobiology of value-based decision making', *Nature Review Neuroscience*, 9, 545–56.
68 Knutson, B. and Greer, S. M. (2008), 'Anticipatory affect: neural correlates and consequences for choice', *Philosophical Transactions of the Royal Society B: Biological Sciences*, 363, 3771–86.

69 DeWall, C. N., Chester, D. S. and White, D. S. (2015), 'Can acetaminophen reduce the pain of decision-making?' *Journal of Experimental Social Psychology*, 56, 117–20.

70 Knutson, B., et al. (2008), 'Neural antecedents of the endowment effect', *Neuron*, 58, 814–22.

第七章 放手

1 Kahneman, D. and Tversky, A. (1979), 'Prospect theory: an analysis of decision under risk', *Econometrica*, 47, 263–92.

2 Novemsky, N. and Kahneman, D. (2005), 'The boundaries of loss aversion', *Journal of Marketing Research*, 42, 119–28.

3 Kahneman, D., Knetsch, J. L. and Thaler, R. H. (1991), 'The endowment effect, loss aversion and status quo bias', *Journal of Economic Perspectives*, 5, 193–206.

4 Bramsen, J.-M. (2008), 'A Pseudo-Endowment Effect in Internet Auctions', MPRA Paper, University Library of Munich, Germany.

5 Wolf, J. R., Arkes, H. R. and Muhanna, W. (2008), 'The power of touch: an examination of the effect of duration of physical contact on the valuation of objects', *Judgment and Decision Making*, 3, 476–82.

6 Maddux, W. M., et al. (2010), 'For whom is parting with possessions more painful? Cultural differences in the endowment effect', *Psychological Science*, 21, 1910–17.

7 Harbaugh, W. T., Krause, K. and Vesterlund, L. (2001), 'Are adults better behaved than children? Age, experience, and the endowment effect', *Economics Letters*, 70, 175–81.

8 Hood, B., et al. (2016), 'Picture yourself: self-focus and the endowment effect in preschool children', *Cognition*, 152, 70–77.

9 Hartley, C. and Fisher, S. (2017), 'Mine is better than yours: investigating the ownership effect in children with autism spectrum disorder and typically developing children', *Cognition*, 172, 26–36.

10 Lee, A., Hobson, R. P. and Chiat, S. (1994), 'I, you, me, and autism: an experimental study', *Journal of Autism and Developmental Disorders*, 24, 155–76.

11 Lind, S. E. (2010), 'Memory and the self in autism: a review and theoretical framework', *Autism*, 14, 430–56.

12 Apicella, C. L., et al. (2014), 'Evolutionary origins of the endowment effect: evidence from hunter-gatherers', *American Economic Review*, 104, 1793–805.

13 List, J. A. (2011), 'Does market experience eliminate market anomalies? The case of exogenous market experience', *American Economic Review*, 101, 313–17.
14 Tong, L. C. P., et al. (2016), 'Trading experience modulates anterior insula to reduce the endowment effect', *Proceedings of the National Academy of Sciences*, 113, 9238–43.
15 http://edition.cnn.com/2008/US/11/28/black.friday.violence/index.html.
16 Seymour, B., et al. (2007), 'Differential encoding of losses and gains in the human striatum', *Journal of Neuroscience*, 27, 4826–31.
17 Knutson, B. and Cooper, J. C. (2009), 'The lure of the unknown', *Neuron*, 51, 280–81.
18 Olds, J. and Milner, P. (1954), 'Positive reinforcement produced by electrical stimulation of septal area and other regions of rat brain', *Journal of Comparative Physiological Psychology*, 47, 419–27.
19 Blum, K., et al. (2012), 'Sex, drugs, and rock 'n' roll: hypothesizing common mesolimbic activation as a function of reward gene polymorphisms', *Journal of Psychoactive Drugs*, 44, 38–55.
20 Moore, T. J., Glenmullen, J. and Mattison, D. R. (2014), 'Reports of pathological gambling, hypersexuality, and compulsive shopping associated with dopamine receptor agonist drugs', *Journal of the American Medical Association*, 174, 1930–33.
21 Knutson, B., et al. (2006), 'Neural predictors of purchases', *Neuron*, 53, 147–56.
22 Cath, D. C., et al. (2017), 'Age-specific prevalence of hoarding and obsessive-compulsive disorder: a population-based study', *American Journal of Geriatric Psychiatry*, 25, 245–55.
23 http://time.com/2880968/connecticut-hoarder-beverly-mitchell/.
24 http://www.mfb.vic.gov.au/Community-Safety/Home-Fire-Safety/Hoarding-a-lethal-fire-risk.html.
25 Samuels, J. F., et al. (2007), 'Hoarding in obsessive-compulsive disorder: results from the OCD collaborative genetics study', *Behaviour Research and Therapy*, 45, 673–86.
26 Cooke, J. (2017), *Understanding Hoarding*. London: Sheldon Press.
27 Tolin, D. F., et al. (2012), 'Neural mechanisms of decision making in hoarding disorder', *Archives of General Psychiatry*, 69, 832–41.
28 Christopoulos, G. I., et al. (2009), 'Neural correlates of value, risk, and risk aversion contributing to decision making under risk', *Journal of Neuroscience*, 29, 12574–83.
29 Votinov, M., et al. (2010), 'The neural correlates of endowment effect without economic transaction', *Neuroscience Research*, 68, 59–65.
30 http://www.investinganswers.com/personal-finance/homes-mortgages/8-insane-ways-people-destroyed-their-foreclosed-homes-4603.
31 Garcia-Moreno, C., et al. (2005), *WHO Multicountry Study on Women's Health and Domestic Violence Against Women: Initial Results on*

Prevalence, Health Outcomes and Women's Responses. Geneva: World Health Organization.

32 Yardley, E., Wilson, D. and Lynes, A. (2013), 'A taxonomy of male British family annihilators, 1980–2012', *The Howard Journal of Crime and Justice*, 53, 117–40.

33 Nadler, J. and Diamond, S. S. (2008), 'Eminent domain and the psychology of property rights: proposed use, subjective attachment, and taker identity', *Journal of Empirical Legal Studies*, 5, 713–49.

34 https://www.theglobeandmail.com/real-estate/vancouver/meet-the-wealthy-immigrants-at-the-centre-of-vancouvers-housingdebate/article31212036/.

35 http://www.propertyportalwatch.com/juwei-com-survey-finds-chinese-buyers-prefer-new-homes/.

36 Quote in Revkin, Andrew C. (2016), 'In Italy's earthquake zone, love of place trumps safety', *New York Times*, 25 August, http://dotearth.blogs.nytimes.com/2016/08/25/in-italys-earthquake-zone-love-of-place-trumps-safety/.

37 Rozin, P. and Wolf, S. (2008), 'Attachment to land: the case of the land of Israel for American and Israeli Jews and the role of contagion', *Judgment and Decision Making*, 3, 325–34.

38 Dittmar, H., et al. (2014), 'The relationship between materialism and personal well-being: a meta-analysis', *Journal of Personality and Social Psychology*, 107, 879–924.

結語

1 Csikszentmihalyi, M. (1982), 'The Symbolic Function of Possessions: Towards a Psychology of Materialism'. Paper presented at the 90th Annual Convention of the American Psychological Association, Washington, DC., quoted in Belk, R. (1988), 'Possessions and the extended self', *Journal of Consumer Research*, 15, 139–68.

2 https://www.facebook.com/WokeFolks/videos/1014990085308007/.

3 Schopenhauer, A. (1851), *Parerga und Paralipomena*. Berlin.

4 Ackerman, D., MacInnis, D. and Folkes, F. (2000), 'Social comparisons of possessions: when it feels good and when it feels bad', *Advances in Consumer Research*, 27, 173–8.

5 Belk, R. (2011), 'Benign envy', *Academy of Marketing Sciences Review*, 1, 117–34.

6 Wolcott, R. C. (2018), 'How automation will change work, purpose and meaning', *Harvard Business Review*, January, https://hbr.org/2018/01/how-automation-will-change-work-purpose-and-meaning.

7 https://www.rita.dot.gov/bts/sites/rita.dot.gov.bts/files/publications/transportation_economic_trends/ch4/index.html.

國家圖書館出版品預行編目資料

為什麼我們想要的比需要的多？
布魯斯．胡德 Bruce Hood 著　麥慧芬 譯
初版．-- 臺北市：商周出版：家庭傳媒城邦分公司發行
2020.08　面；　公分
譯自：Possessed:Why We Want More Than We Need
ISBN 978-986-477-877-5（平裝）

1. 應用心理學 2. 所有權 3. 欲望

177　　　　　　　　　　109009545

為什麼我們想要的比需要的多？

原文書名／Possessed:Why We Want More Than We Need
作　　者／布魯斯．胡德Bruce Hood
譯　　者／麥慧芬
責任編輯／陳玳妮
版　　權／黃淑敏、劉鎔慈

行銷業務／周丹蘋、黃崇華
總 編 輯／楊如玉
總 經 理／彭之琬
事業群總經理／黃淑貞
發 行 人／何飛鵬
法律顧問／元禾法律事務所 王子文律師
出　　版／商周出版　城邦文化事業股份有限公司
台北市中山區民生東路二段 141 號 4 樓
電話：(02) 25007008　傳眞：(02)25007759
E-mail：bwp.service@cite.com.tw
Blog：http://bwp25007008.pixnet.net/blog
發　　行／英屬蓋曼群島商家庭傳媒股份有限公司城邦分公司
台北市中山區民生東路二段 141 號 2 樓
書虫客服服務專線：(02)25007718；(02)25007719
服務時間：週一至週五上午 09:30-12:00；下午 13:30-17:00
24 小時傳眞專線：(02)25001990；(02)25001991
劃撥帳號：19863813；戶名：書虫股份有限公司
讀者服務信箱：service@readingclub.com.tw
歡迎光臨城邦讀書花園　網址：www.cite.com.tw
香港發行所／城邦（香港）出版集團有限公司
香港灣仔駱克道 193 號東超商業中心 1 樓
E-mail：hkcite@biznetvigator.com
電話：(852) 25086231　傳眞：(852) 25789337
馬新發行所／城邦（馬新）出版集團【Cite (M) Sdn. Bhd.】
41, Jalan Radin Anum, Bandar Baru Sri Petaling,
57000 Kuala Lumpur, Malaysia.
Tel: (603) 90578822　Fax: (603) 90576622
Email: cite@cite.com.my

封　　面／萬勝安
排　　版／極翔企業有限公司
印　　刷／韋懋實業有限公司
經 銷 商／聯合發行股份有限公司
電話：(02)2917-8022　傳眞：(02)2911-0053
地址：新北市 231 新店區寶橋路 235 巷 6 弄 6 號 2 樓

■ 2020 年 8 月 4 日初版　　　　Printed in Taiwan
定價 420 元

城邦讀書花園
www.cite.com.tw
 ISBN 978-986-477-877-5

商周出版

廣	告	回	函
北區郵政管理登記證			
北臺字第000791號			
郵資已付，免貼郵票			

104 台北市民生東路二段141號2樓

英屬蓋曼群島商家庭傳媒股份有限公司城邦分公司 收

請沿虛線對摺，謝謝！

商周出版

書號：BK5162 書名：為什麼我們想要的比需要的多？ 編碼：

請於此處用膠水黏貼

商周出版

讀者回函卡

感謝您購買我們出版的書籍！請費心填寫此回函卡，我們將不定期寄上城邦集團最新的出版訊息。

不定期好禮相贈！
立即加入：商周出版
Facebook 粉絲團

姓名：________________ 性別：□男 □女

生日：西元________年________月________日

地址：________________

聯絡電話：________________ 傳真：________________

E-mail ：

學歷：□ 1. 小學 □ 2. 國中 □ 3. 高中 □ 4. 大學 □ 5. 研究所以上

職業：□ 1. 學生 □ 2. 軍公教 □ 3. 服務 □ 4. 金融 □ 5. 製造 □ 6. 資訊
□ 7. 傳播 □ 8. 自由業 □ 9. 農漁牧 □ 10. 家管 □ 11. 退休
□ 12. 其他________________

您從何種方式得知本書消息？
□ 1. 書店 □ 2. 網路 □ 3. 報紙 □ 4. 雜誌 □ 5. 廣播 □ 6. 電視
□ 7. 親友推薦 □ 8. 其他________________

您通常以何種方式購書？
□ 1. 書店 □ 2. 網路 □ 3. 傳真訂購 □ 4. 郵局劃撥 □ 5. 其他________

您喜歡閱讀那些類別的書籍？
□ 1. 財經商業 □ 2. 自然科學 □ 3. 歷史 □ 4. 法律 □ 5. 文學
□ 6. 休閒旅遊 □ 7. 小說 □ 8. 人物傳記 □ 9. 生活、勵志 □ 10. 其他

對我們的建議：________________
____
____

【為提供訂購、行銷、客戶管理或其他合於營業登記項目或章程所定業務之目的，城邦出版人集團（即英屬蓋曼群島商家庭傳媒（股）公司城邦分公司、城邦文化事業（股）公司），於本集團之營運期間及地區內，將以電郵、傳真、電話、簡訊、郵寄或其他公告方式利用您提供之資料（資料類別：C001、C002、C003、C011 等）。利用對象除本集團外，亦可能包括相關服務的協力機構。如您有依個資法第三條或其他需服務之處，得致電本公司客服中心電話 02-25007718 請求協助。相關資料如為非必要項目，不提供亦不影響您的權益。】

1.C001 辨識個人者：如消費者之姓名、地址、電話、電子郵件等資訊。
2.C002 辨識財務者：如信用卡或轉帳帳戶資訊。
3.C003 政府資料中之辨識者：如身分證字號或護照號碼（外國人）。
4.C011 個人描述：如性別、國籍、出生年月日。

請於此處用膠水黏貼